もしもの時に困らない

相続・贈与バイブル

税理士法人 ゆびすい

出版文化社

はじめに

　平成27年1月1日より相続税の基礎控除が引き下げられました。
　国税庁の発表によると、平成27年に死亡した約129万人（平成26年は約127万人）のうち、相続税の課税対象となった方は約10万3千人（平成26年は約5万6千人）で、死亡した人の約8％（平成26年は4.4％）が相続税の対象となっています。
　基礎控除の引き下げには、相続税の課税対象者を広げ、より多くの人に相続税の納税を課す意味合いがあります。
　こういった課税対象者の拡大だけでなく、基礎控除の引き下げと同時に相続税の最高税率が従来の50％から55％へと引き上げられ、資産を多額に保有する人に対する課税も強化されています。
　東京・大阪・名古屋の3国税局には「超富裕層プロジェクトチーム」が立ち上げられ、富裕層の中でもより資産や所得のある人たちの情報を集め、税逃れなどを監視する体制が整えられています。
　また、相続税だけではなく、いわゆる争族にも注意しなければなりません。平成26年に全国の家庭裁判所が扱った遺産分割の案件は1万2千5百件余りとなっており、10年前より3割5分も増加しています。

このような状況の中で、渡す側の世代（将来の被相続人）と受け取る側の世代（相続人）は何をすべきでしょうか？

　それは、相続に関わる法律である民法や相続税法などを体系的に理解し、自身の現状を把握することだと思います。ただ、こういった法律や状況整理は専門家でない方々にとってはとても難しいことです。

　本書は、税理士事務所として70年以上にわたり相続税申告に携わってきて実感した、相続に関わる方々が疑問に思われてきたことをＱ＆Ａ方式でまとめたものです。

　一般常識から、民法、遺産整理、税申告、税務調査、それ以外にもエンディングノートや信託など最低限必要なことを理解し、一生に１、２度しか経験しない相続を無事に終えていただきたいと思い、本書を執筆いたしました。

　本書が読者の皆様にとって、相続に向き合うきっかけとなり、ご自身の状況と照らし合わせるヒントになれば幸いです。

　　　　　　　　　　　　平成29年３月１日　税理士法人ゆびすい　　一同

相続に関する各種スケジュール表

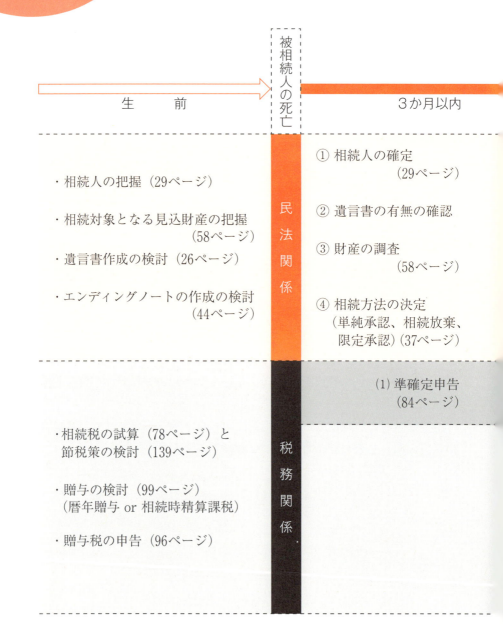

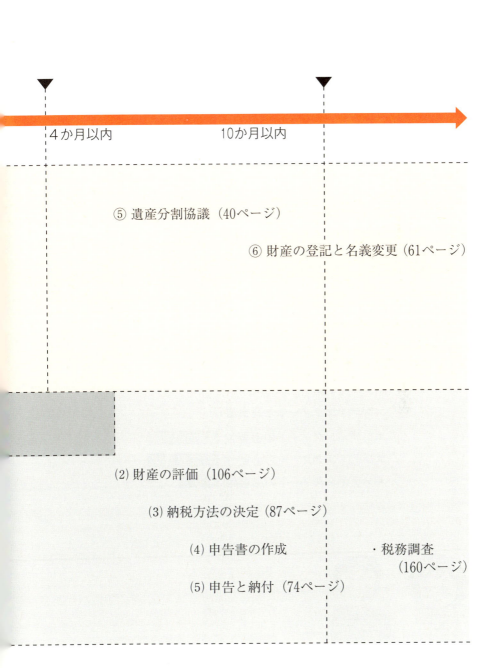

相続税・贈与税　　もくじ

第1章　一般常識 …… 9
- *1* 葬儀の流れと準備 …… 10
- *2* 葬儀社選びと一般的な料金 …… 13
- *3* 仏式葬儀のマナー …… 16
- *4* 神式葬儀のマナー …… 18
- *5* 墓地選びのポイント …… 21

第2章　民法 …… 25
- *1* 遺言でできること …… 26
- *2* 法定相続人の範囲 …… 29
- *3* 相続分 …… 32
- *4* 遺留分 …… 35
- *5* 相続の承認と放棄 …… 37
- *6* 遺産分割の仕方 …… 40

第3章　エンディングノート …… 43
- *1* エンディングノートとは …… 44
- *2* エンディングノートと遺言書 …… 47
- *3* エンディングノートの必要性 医療・介護編 …… 50
- *4* エンディングノートの必要性 財産管理編 …… 52
- *5* エンディングノートの必要性 その他 …… 54

装丁・本文デザイン　小野晴美
イラスト　モリオカマリ
編集協力　前田　朋

第4章 遺産整理 …… 57
1. 相続財産の特定 …… 58
2. 名義変更 …… 61
3. 各種手続きの代行 …… 63
4. 必要書類 …… 66
5. 戸籍・登記簿謄本からわかること …… 68

第5章 相続税申告納付 …… 71
1. 相続税の申告の概要 …… 72
2. 相続税がかからない財産と債務控除 …… 75
3. 相続税の計算方法 …… 78
4. 相続税計算の具体例 …… 81
5. 亡くなった年の確定申告 …… 84
6. 相続税の納付について …… 87

第6章 贈与 …… 91
1. 贈与税と相続税 …… 92
2. 贈与の方法 …… 95
3. 贈与税の計算方法 …… 97
4. 暦年課税制度と相続時精算課税制度の比較 …… 99
5. 贈与税の優遇措置 …… 102

第7章 財産評価 …… 105
1. 財産評価の概要 …… 106
2. 土地の評価方法 …… 109
3. 画地調整について …… 112
4. 特殊な土地の評価の概要 …… 115
5. 土地の使用状況による評価の違い …… 118

第8章 株価評価 ……………………………… 121
1 取引相場のない株式の評価 …………………………… 122
2 純資産価額方式 ……………………………………… 125
3 類似業種比準方式 …………………………………… 128
4 配当還元方式 ………………………………………… 131
5 具体的な取引相場のない株式の評価 ………………… 134

第9章 相続対策 ……………………………… 137
1 相続対策 ……………………………………………… 138
2 資産売却による納税資金の確保 ……………………… 140
3 生前贈与の方法 ……………………………………… 143
4 節税になる生前贈与の求め方 ………………………… 146
5 生命保険による相続税対策 …………………………… 149
6 不動産による相続税対策 …………………………… 151
7 小規模宅地等の特例 ………………………………… 154
8 特定居住用宅地等の特例の詳細 ……………………… 157

第10章 税務調査 ……………………………… 159
1 税務調査の流れ ……………………………………… 160
2 申告漏れがあった場合の税額 ………………………… 163

第11章 信託 …………………………………… 167
1 信託制度 ……………………………………………… 168
2 信託のメリット ……………………………………… 171
3 信託の利用場面 ……………………………………… 174
4 信託の方法 …………………………………………… 176
5 信託の課税関係 ……………………………………… 178

第1章 一般常識

1 葬儀の流れと準備

Q 身内が亡くなったときまずすべきことは何ですか？

A 臨終以後のおおまかな流れを把握し、落ち着いて対応することが大切です。

1. 臨終からの主な流れ

- 臨終、搬送、安置
- 葬儀の準備
- 知人、会社などへの連絡
- 通夜
- 葬儀、告別式
- 死亡届（7日以内）
- 還骨、初七日法要
- 葬儀後の手続（遺産整理、相続税申告など）

2. 臨終から葬儀の準備まで

（1）連絡範囲の目安とタイミング

　連絡範囲の目安としては、三親等内（ひ孫・おじ・おば・おい・めいまで）の近親者と日頃から親しくしている友人・知人などです。会社関係者は、お通夜や葬儀の日程・場所などが決まってから知らせるほうがよいでしょう。

　一般的な家庭では、親族や友人への通夜、葬儀の日時の連絡は電話で行われることが多いようです。郵送で葬儀の事前連絡をする死亡通知は、社葬をはじめとし、会社関係のおつき合いに関して送付される場合がほとんどです。

（2）葬儀に向けて準備すべきこと

① 喪主の決定

　喪主は葬儀の代表者として、故人になりかわって弔問を受ける人をいいます。一般的には配偶者か長男が務めることが多く、喪主の挨拶は次の3つで構成されます。

・弔問客への感謝　・故人の人柄　・締めの言葉

　人前で挨拶をするとなると、緊張してしまうという方が多いと思います。しかし、「いい挨拶」をしなければと考え込んでしまうのはよくありません。短い挨拶でもよいので、自らの言葉で想いを伝えることが大事です。

② 葬儀を行う場所

　自宅、葬儀場、お寺などが挙げられます。特徴は次のようになります。

それぞれの斎場と特徴	長 所	短 所
自 宅	・故人の思い出の場所 ・近所の人が弔問に来やすい ・費用負担が少ない	・準備・片付けが大変 ・集合住宅の場合は困難 ・近所へのあいさつや気遣いが大変
公営斎場	・斎場代が比較的安価	・混んでいるときも多く、数日待たされる場合もある ・交通の便があまり良くない
民間斎場	・設備が充実 ・比較的混んでいないため、日程が決めやすい	・斎場代が比較的高価
寺院斎場	・比較的混んでいないため、日程が決めやすい ・檀家であれば、安価で使用できる場合がある	・宗派の限定がある場合がある ・檀家以外は使用できない場合がある
集 会 所	・斎場代が比較的安価 ・自宅に近い ・近所の人が弔問に来やすい	・葬儀社が決まっている場合がある

③ 葬儀の規模

　葬儀の規模については故人の意思を尊重することが大切です。盛大であればあるほどよい、というのは昔のことで、現在では無理のない範囲で、ある程度簡略化されている場合が多いようです。

　葬儀は、一般葬、家族葬など規模によって名称が異なります。

　一般葬が、近所の方や会社の方、故人と生前に関係のある方など広く呼ぶのに対し、家族葬はご家族や近しい親族のみで執り行う葬儀です。事前の準備の手間がかからず費用が安く抑えられるため、近年は家族葬を採用される方も増えています。

2 葬儀社選びと一般的な料金

Q 葬儀社はどのように決めたらよいですか？

A 葬儀社を決める際には2社以上の葬儀社に相談し、見積書をよく確認してから決定しましょう。

1．葬儀社の選び方

（1）病院の紹介・大手葬儀社が優良葬儀社とはかぎらない

　一般的には病院で亡くなる方が多いですが、病院から紹介される葬儀社が必ずしも良い葬儀社であるとはかぎりません。また、有名な葬儀社も同じことがいえます。最低でも2社以上へ連絡し、見積もりを取ることをおすすめします。

（2）良い葬儀社を選ぶためのポイント

・資料、パンフレット、施行例などを交えわかりやすい説明をしてくれる
・一方的な提案・契約を急がせてこない
・葬儀の内容や費用の詳細などの質問に丁寧に答えてくれる
・低価格の葬儀を希望しても丁寧に対応してくれる
・葬儀に関して特定の担当者が対応してくれる　　　　　　　　など

2. 見積書の見方と費用の判断の仕方

(1) 葬儀にかかる費用

基本的には、葬儀にかかる費用は次の3つから構成されます。
- 葬儀本体費用………葬儀物品や人件費
- 寺院費用……………お布施、戒名（見積書に金額の記載がないことが多い）
- 飲食接待費用………食事代

(2) 見積書のチェックポイント

これ以上費用が発生しない見積書になっているかどうかを必ず確認しましょう。料理や返礼品の費用を見積書に記載しない葬儀社もあります。

① 葬儀一式や、○○セットの内訳を確認

見積書に葬儀一式などとしか記載がない場合、内容の内訳を出してもらいます。数量で金額が決まるものは、実際の使用量で金額増減があるか確認してください。

② 各項目のランクを確認

祭壇や備品などは写真などを見せてもらうように心がけましょう。

③ 分からない項目はないか確認

葬儀の見積書は専門の用語や見慣れない言葉も出てきますので、よくわからない項目があれば葬儀社の担当者に遠慮なく確認しましょう。

（3）全国の平均費用

	葬儀一式	飲食接待費	寺院にかかるお布施	合計
全国平均	126万円	45万円	51万円	199万円
北海道地区平均	98万円	57万円	46万円	147万円
東北地区平均	183万円	58万円	61万円	233万円
関東A地区平均 （千葉・群馬・茨城・栃木）	126万円	52万円	55万円	228万円
関東B地区平均 （東京・神奈川・埼玉）	115万円	43万円	46万円	222万円
中部A地区平均 （新潟・富山・石川・福井）	153万円	48万円	47万円	221万円
中部B地区平均 （愛知・静岡・岐阜・長野・山梨）	122万円	43万円	50万円	213万円
近畿地区平均	183万円	90万円	49万円	194万円
中国地区平均	112万円	11万円	67万円	192万円
四国地区平均	160万円	10万円	50万円	105万円
九州地区平均	92万円	79万円	29万円	146万円

(財)日本消費者協会「葬儀についてのアンケート調査」平成22年11月実施
※葬儀費用の合計は「個別の費用は分からない」などのケースを含むため、
　葬儀一式費用・寺院の費用（お経料、戒名料など）・通夜からの飲食接待費用の各費用の合計とは一致しません。

（注）家族葬にかかる費用は約20万円～120万円くらいです。地域や参列してもらう人数によっても価格に違いがでるようです。

3 仏式葬儀のマナー

Q 仏式葬儀に参加することになりました。注意しなければならないことはありますか。

A 仏式葬儀は日本でもっとも多く行われている葬儀で、日本の葬儀の9割を占めるといわれています。一般的な流れとマナーを抑えておけば大丈夫です。

1. 仏式葬儀

(1) お焼香（宗派により多少異なります）

① 遺族に一礼して焼香台に進みます。ご本尊と遺影を仰ぎ、頭を下げて黙礼します。

② お香をつまみます。

③ 手を返して額の高さまでかかげます。（これを「押しいただく」といいます）

④ 香炉に静かにくべます。これを宗派で決められた回数行いますが、二回目以降からは額で押しいただく必要はありません。
※会葬者が多い場合、焼香は一回だけ行うことが慣例化しているようです。

⑤ 合唱礼拝し、最後に遺族に一礼してから退きます。

（2）葬儀での装い

① 女性の喪服

　黒のフォーマルスーツかワンピースで長袖が原則です。スカートはひざ下丈、化粧は控えめにし、香りのきつい香水や派手な髪飾りなども控えましょう。

② 男性の喪服

　慶弔両用に着られるブラックスーツが一般的。礼装用の白いシャツに黒無地のネクタイで、タイピン、ポケットチーフはなしが原則です。

（3）葬儀での挨拶

　挨拶のタイミングとしては、通夜式の終了時、通夜振る舞い（通夜式終了後のお食事）時、告別式の終了・出棺の際、精進落としの際となります。

① 挨拶内容

　以下のような内容を述べるのが一般的です。
- 故人と自分との関係、エピソード
- 弔問、会葬のお礼
- 生前のご厚誼へのお礼
- 遺族への支援のお願いなど

② 避ける言葉

　挨拶文には、不幸をくり返さないということから「たびたび」などの「重ね言葉」はなるべく避けたほうがよいとされています。重要なのは、ゆっくりと自分の言葉で想いを述べることです。難しい言い回しや長文にこだわらず、素直な感謝の気持ちを述べることで、聞いておられる方へ気持ちが十分に伝わります。

4 神式葬儀のマナー

Q 神式葬儀に参加することになりました。注意しなければならないことはありますか。

A 仏式の焼香に代わるものとして玉串奉奠(たまぐしほうてん)が行われます。参拝者は、玉串を祭壇に捧げ、故人の冥福を祈ります。

1. 神式葬儀

日本に古くからある葬儀で、仏式に次いで多く行われている葬儀です。

神式では、通夜を「通夜祭」、葬儀を「葬場祭(神葬祭)」と呼びます。葬場祭は、仏式の葬儀式と告別式を兼ねています。葬祭を司るのは斎主と呼ばれる神職で、僧侶の読経にかわる祈りが祭詞の朗読です。また、仏式で焼香を行うのに対して、神式では「手水の儀(ちょうずのぎ)・玉串奉奠」を行います。

(1) 手水の儀

通夜祭や葬場祭の前に身を清めるために行われるもので、参列者は入口に用意された手おけで水をくみ、手と口を洗い清めなければなりません。まず左手、次に右手の順にひしゃくで水をかけます。その後、左手で受けた水で口をすすぎ、もう一度左手に水をかけます。終わったら、渡される懐紙で口もとや手をふきます。

（2）玉串奉奠

① 一礼して玉串を受け取る

　順番が来たら祭壇に進み、まずご遺族に会釈をします。神官の前に進み出て一礼してから両手で玉串を受け取ります。このとき、右手は根元を上から包むように、左手は枝先を下から添えるようにして持ちます。

② 根元を祭壇に向けて玉串案の上に置く

　そのまま玉串案（玉串をのせる台）の前まで進み、祭壇に向けて一礼します。まず右手で持っている根元を手前にして玉串を縦にします。

　今度は根元を左手に持ち替え、根元が祭壇に向くよう、右回りに半回転させます。根元を祭壇に向けて玉串案の上に置きます。なお、地方により榊の枝を使用しない所もあります。

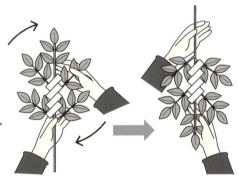

出典：株式会社全国儀式サービス

③ 柏手は音を立てずに

　正面を向いたまま2〜3歩退き、二礼してから柏手(かしわて)を2回打ちます。このときの柏手は「忍手(しのびて)」といって音を立てずに打つのがしきたりです。

コラム 香典・御神前・献花料の相場

　香典などの相場については、年代、故人との関係などによって目安とされる金額が異なります。身内は3万円～10万円、親族1万円～3万円、職場関係は3千円～5千円くらいが相場のようです。少額の香典などを包む場合、お悔やみの言葉と「香典返礼品は不要です」という旨を書き添えておくとよいかもしれません。

　気を付けるべき点としては、「4・9」のつく数字を避けること（死、苦しむことを連想させるため）と、新札を使わないこと（前もって準備していたことを連想させるため）が挙げられます。

5 墓地選びのポイント

Q 霊園と寺院の墓地とでは何が違うのですか？またどのくらい費用がかかりますか？

A お墓選びの際の大きなポイントのひとつとなるのは檀家制度のある寺院の墓地か、それ以外かという点です。

1. 墓地・霊園分類表

	公的霊園		民営霊園		寺院墓地	
経営	◎	安定している	△	不安定なところもある	△	寺院によって差がある
宗教的制限	○	宗派は問われない	△	宗派を問わないことが多い	×	法要は宗派のやり方にのっとる。一般的に檀家になることが条件
生前購入	△	「遺骨がすでにある」ことが条件となる場合もある	○	生前購入可能	○	生前購入可能
募集・競争	×	年数回に限られ、募集自体がないことも。人気の区画は抽選となる	○	空いていれば、好きな区画を契約できる	△	なかなか空きがなく入りにくい場合も
永代使用料・管理料	○	安く抑えられている	△	公営と比べると高くなる	△	入檀家志納金（檀家になるための費用）が加算されることも
石材店の選択	○	自由に選べる	×	指定業者が決まっていることが多い	×	指定業者が決まっていることが多い

（1）檀家制度とは

　檀家制度は、寺院が先祖供養や葬儀などの葬祭供養を独占的に行う代わりに、檀家は寺院の経済面のサポートを行うというシステムをいいます。つまり、墓地の使用権利を得る代わりに寄附や管理料などお寺の護持義務を負うこととなります。公営・民営の霊園の場合、永代使用料・管理料を支払うことで墓地を使用する権利を得ることができます。また、宗派が不問の場合もあります。

（2）お墓選びの3カ条

① 現地に足を運ぶ

　周辺環境などは写真やパンフレットを見ただけではわからないことが多く、のちにトラブルになることもあるため現地に足を運びましょう。

② 継承者にも相談する

　お墓は原則として子孫に引き継がれるものです。自分が死んだ後の墓守をしてくれる自分の子どもにも事前に相談しておくことをおすすめします。

③ 使用規約をきちんと確認する

　お墓を建てる期限や管理費の変動など、墓地によって使用規約は異なるのでよく確認しましょう。

1. お墓にかかるお金

　大きく分別すると「墓石代（彫刻・施工・戒名含む）」＋「永代使用料（土地代）」＋「管理料（毎年）」が必要になります。

（1）墓石代・戒名代

　石材の種類や量と加工・彫刻内容によって料金が変わります。たとえ

ば、1.00㎡を白御影石で作って120万円の費用がかかるとした場合、同じ1.00㎡を黒御影石で作ると220万円の費用がかかることもあります。

　戒名の一般的な金額は約40万円ともいわれています。戒名のランクによって金額が異なり「〜信士」「〜信女」で５万円〜20万円程度、「〜居士」「〜大姉」で15万円〜30万円程度、院号になると50万円以上が目安です。

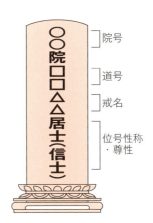

（２）永代使用料

　霊園・墓地にお墓を建てる場所を墓所といい、この墓所にお墓を建て子々孫々が使う権利に対して支払うのが永代使用料です。各地の平均価格は以下のようになっています。

・全国平均　　平均区画1.65㎡　　永代使用料は77.39万円

・東日本　　　平均区画1.53㎡　　永代使用料は77.39万円

・西日本　　　平均区画2.06㎡　　永代使用料は77.40万円

（３）管理料

　維持するための年間での相場は、４千円から１万４千円くらいといわれています。ただし、寺院の場合は行事が行われていますので、別途行事の参加費がかかる場合があります。

第2章 民法

1 遺言でできること

Q 私の財産を誰にいくら相続させるかを自分で決めたいと考えていますが、遺言ではどのようなことができますか？

A 遺言によりあなたが相続人ごとの財産の配分を決めることができ、相続人以外への財産の遺贈や公益法人などへの寄付も可能です。

1. 遺言を書く意味

「私の財産は家族が話し合って分ければいい」「私は預金や不動産を大して持っているわけではないから遺言は関係がない」と考えて、遺言を書かずに亡くなる方が多くいます。そのため、残された家族が遺産分割協議をしても意見が対立してまとまらず、財産の配分を巡ってトラブルになる事例が数多くあります。たとえば、

・遺産分割協議で意見が対立し、家族の仲が悪くなってしまう。
・自宅の他に相続財産がないため、一緒に暮らしてきた妻が、遺産分割により自宅の売却を余儀なくされる。
・事業を承継される方が事業に関わる不動産や株式のすべてを相続できず、事業の継続に支障をきたす。

　遺言を書くことであなたの意思を相続人にわかりやすく伝えることができ、トラブルを未然に防ぐことができます。遺言を書く際には「付言事項」を記載することが重要です。付言事項には法的効力はありませんが、相続人への最期のメッセージとなるものです。この付言事項において、自分の想いや家族に対する感謝の気持ち、財産の配分の経緯や理由をしっかりと伝えることにより不公平感のない円満な相続へとつながります。

2. 遺言でできること

　遺言がなければ相続人が法定相続分（32ページ参照）に基づいて遺産分割をすることになりますが、遺言によれば自分自身で誰にどの財産を与えるかを指定することができます。その際には遺留分（35ページ参照）を侵害しないように配慮することが重要です。遺言に書けばすべてが実現するわけではありませんが、争族対策としてはもっとも有効であるといえます。遺言自体はそれほど費用がかかるものではありませんし、遺言の書き直しもいつでもできます。

（1）遺贈・寄付

　遺言により、身の回りの世話をしてくれた相続人以外の人に財産を遺贈することや、公益法人などに財産を寄付することができます。

　遺贈には包括遺贈と特定遺贈の2つがあり、包括遺贈とは「〇分の1の財産を与える」といったように割合を示して行う遺贈のことであり、特定遺贈とは「〇〇市〇〇所在の土地を与える」といったように特定の財産を示して行う遺贈のことです。包括遺贈の場合は〇分の1の財産をどれにするのかという分割協議が必要なため、トラブル防止の観点から具体的な財産を指定する特定遺贈がよく用いられます。

（2）認知

　正式な婚姻関係のない事実婚である内縁の妻には相続権はありません。その内縁の妻との間に生まれた子が相続人となるためには認知を要件とするため、認知していない内縁の妻との子にも相続権はありません。

　しかし、生前は何かの事情で認知できなかった内縁の妻の子を遺言により認知することができ、相続人とすることができます。内縁の妻に財産を遺贈することも可能です。

(3) 遺言執行者の指定

　遺言を作成しても、遺言の内容が遺言どおりに実行されなければ意味がありません。上記の遺贈・寄付・認知を快く思わない相続人もいることでしょう。

　遺言執行者には、相続財産の管理その他遺言の執行に必要な一切の行為をする権利義務があり、遺言の内容を確実に実現させる役割を担っています。遺言執行者がいる場合には、相続人は相続財産の処分その他遺言の執行を妨げることができません。この遺言執行者も遺言で指定することができます。

2 法定相続人の範囲

Q 先日夫が亡くなりました。妻である私には子どもがおらず、夫には姉がいます。遺言はないのですが、夫の財産は夫の姉も相続できるのですか？

A 遺言はないとのことですので、あなたの夫の直系尊属（父母など）がすでに亡くなられている場合には、夫の姉も相続人となります。

1. 法定相続人

（1）法定相続人の範囲

　相続人は血族相続人と配偶者相続人に区分されます。血族相続人とは血縁関係のある相続人であり、配偶者相続人とはその名の通り配偶者です。相続人が誰であるかを判定するにあたっては、次の表のとおり配偶者は常に相続人になることができますが、血族相続人は相続できる順位が決められています。

	血族相続人	配偶者相続人
第1順位	子	配偶者
第2順位	直系尊属	
第3順位	兄弟姉妹	

　亡くなられた被相続人に第1順位の子がいれば、子が配偶者とともに相続人になります。子がいなければ、第2順位である被相続人の直系尊属（父母など）が配偶者とともに相続人となり、直系尊属もいない場合には、第3順位である被相続人の兄弟姉妹が配偶者とともに相続人にな

ります。また、被相続人に配偶者がおらず子のみがいる場合には、子がすべてを相続することになります。配偶者も子もいない場合には第2順位の直系尊属のみが、直系尊属もいない場合には兄弟姉妹のみが相続人となります。なお、相続発生時に胎児であった子にも相続権があります。

(2) 代襲相続

　第1順位の相続人である子が被相続人よりも以前に死亡し、その子に子（被相続人からみると孫）がいる場合、第2順位へはいかずに、第1順位の子の相続権は被相続人の孫に引き継がれます。これを代襲相続といいます。孫も死亡していればひ孫へとどんどん代襲されていきます。

　第2順位は被相続人の直系尊属であり、代襲相続という考え方はありませんが、父母が死亡していれば、直系尊属である祖父母へと相続権が移動します。

　第3順位の兄弟姉妹には代襲相続がありますが、血縁関係が薄くなるため、代襲相続は被相続人の兄弟姉妹の子である甥と姪までの1回限りとなります。

(3) 養子がいる場合

　養子縁組によって養父母の子となった場合、第1順位である子に含まれて、実子と同様に相続人になることができます。養子縁組には実父母との親子関係も維持される普通養子と、実父母との親子関係が消滅する特別養子という2つの制度があります。

　一般的によく行われる普通養子については実父・実母・養父・養母の相続人となることができますが、特別養子については実父母との親子関係が消滅するため、養父・養母の相続人にのみなることができ、実父・実母の相続人になることができません。

（4）非嫡出子がいる場合

　嫡出子とは正式な婚姻関係のもとに生まれた子をいい、非嫡出子とは正式な婚姻関係以外のもとで生まれた子（愛人の子など）をいいます。

　この非嫡出子についても相続人となれますが、被相続人が男性の場合には認知を必要とします。被相続人が女性の場合には出産という事実があるため認知は不要です。なお、愛人は正式な婚姻関係はないため、配偶者には該当せず、相続人になることはできません。

2．戸籍謄本の取得

　相続人を確定させるためには、必ず戸籍謄本（68ページ参照）を取得する必要があります。

　具体的には、被相続人の出生から死亡までの間のすべての戸籍謄本・除籍謄本・改製原戸籍謄本及び相続人の戸籍謄本が必要となります。これは本人の本籍地の市区町村で取得することができます。

3 相続分

Q 先日夫が亡くなりました。遺言はなく、相続人が妻である私と子3人である場合、相続人ごとに相続できる財産の割合を教えてください。

A 法定相続分で遺産分割を行う場合、財産の2分の1を妻であるあなたが相続し、残りの2分の1を子3人で分けることになります。

1. 法定相続分

　遺言がない場合には、遺産分割協議により相続人全員で話し合って、それぞれが取得する財産を決めることになりますが、民法では遺産分割の基準となる法定相続分を定めています。

（1）相続人が配偶者と子である場合

　相続人が配偶者と子である場合には、配偶者2分の1、子2分の1が法定相続分となります。子が複数いる場合には2分の1を子の人数で按分します。次の例では法定相続分は配偶者2分の1、子は各6分の1となります。

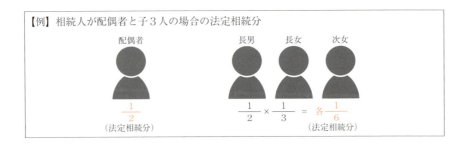

【例】相続人が配偶者と子3人の場合の法定相続分

（2）相続人が配偶者と直系尊属である場合

　相続人が配偶者と直系尊属である場合には、配偶者3分の2、直系尊属3分の1が法定相続分となります。直系尊属が複数いる場合には3分の1を直系尊属の人数で按分します。次の例では法定相続分は配偶者3分の2、父と母は各6分の1となります。

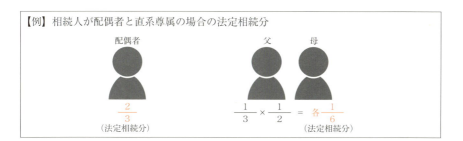

（3）相続人が配偶者と兄弟姉妹である場合

　相続人が配偶者と兄弟姉妹である場合には、配偶者4分の3、兄弟姉妹4分の1が法定相続分となります。兄弟姉妹が複数いる場合には4分の1を兄弟姉妹の人数で按分します。次の例では法定相続分は配偶者4分の3、兄・姉・弟は各12分の1となります。

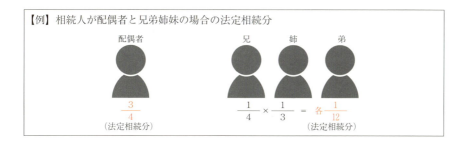

2. 代襲相続分

　代襲相続により相続人となった人の相続分は、本来相続人となるはずの人の相続分と同じとなります。法定相続分として2分の1を相続できるはずだった子がすでに死亡して孫に代襲された場合、孫の代襲相続分は子と同じく2分の1となります。孫が複数いる場合には、孫の人数で按分します。

3. 指定相続分

　遺言により相続する財産の割合を指定することができ、これを指定相続分といいます。指定相続分は法定相続分に優先して適用されますが、遺留分（35ページ参照）について注意が必要です。

4 遺留分

Q 父が亡くなりました。相続人は私と弟の2人ですが、弟に全財産を相続させるという遺言が出てきました。私は財産を相続できないのでしょうか？

A 相続人には遺留分という相続できる権利があり、あなたは遺産の4分の1を遺留分として取戻し請求することができます。（遺留分減殺請求）

1. 遺留分制度

　被相続人は遺言により自分の財産を自由に相続させることができますが、これを無制限に認めてしまうと、相続人以外の方へ全財産を遺贈・寄付することもでき、死亡後の相続人の生活が保障されなくなる可能性があります。そのため、民法では遺留分制度を設け、一定の相続人（遺留分権利者）に対して、一定の財産を相続できる権利を保障する遺留分制度を設けています。

2. 遺留分権利者と遺留分の割合

（1）遺留分権利者

　遺留分が認められているのは、子、配偶者、直系尊属のみであり、兄弟姉妹に遺留分はありません。

（2）遺留分の割合

　取戻し請求することのできる遺留分の割合（総体的遺留分）は次のとおり定められています。

① 直系尊属のみが相続人である場合　被相続人の財産の３分の１
② ①以外の場合　　　　　　　　　　　被相続人の財産の２分の１

相続人が「配偶者と子」、「配偶者と直系尊属」、「子のみ」、「配偶者のみ」の場合などは②となり、被相続人の遺産の２分の１が遺留分となります。相続人が「直系尊属のみ」の場合は①となり、被相続人の遺産の３分の１が遺留分となります。なお、兄弟姉妹に遺留分はないため、相続人が「配偶者と兄弟姉妹」の場合は②となり、配偶者の遺留分は２分の１となりますが、兄弟姉妹に遺留分はありません。遺留分は、次のようになります。

5 相続の承認と放棄

Q 父は多額の借金を残して亡くなりましたが、相続人である私たち家族はその借金を代わりに返済していかないといけないのですか？

A 相続開始があったことを知った日から3か月以内に相続放棄をすれば、借金を相続せずに済み、父の代わりに返済する必要はなくなります。

1. 相続の承認と放棄

　被相続人は現預金や不動産のような財産だけでなく、借入金や未払金などの債務を抱えていることが考えられます。被相続人の債務が財産を超えている場合、これを相続人が単純に相続すると、相続人が被相続人の債務を返済していく義務が発生します。したがって、相続人には被相続人の財産及び債務を承継するか否かの選択権が与えられています。

　相続の承継の仕方には次の3種類があります。

（1）単純承認

　単純承認とは被相続人のすべての財産とすべての債務をそのまま単純に承継することをいいます。単純承認はすべての財産を相続できるものの、債務について弁済義務が発生することになります。

（2）限定承認

　限定承認とは被相続人の相続財産の範囲内で債務を承継することをいいます。具体的には、財産が1億円・債務が8千万円である場合には、財産及び債務のすべてを承継することになり、財産が1億円・債務が

1億2千万円であった場合には、債務は財産と同額の1億円までのみ承継することになります。また、相続人が複数いる場合に限定承認するときは、相続人全員が揃って限定承認を選択する必要があり、1人の相続人のみが限定承認を選択することはできません。

(3) 相続放棄

相続放棄とは被相続人の財産も債務も一切承継しない方法で、通常は財産よりも債務の方が多い場合に選択します。被相続人の連帯保証債務の有無の確認も必要です。

相続放棄は代襲相続の原因とはならないため、被相続人の子が相続放棄した場合には、被相続人の孫には債務を返済する義務が承継されません。しかし、第2順位・第3順位の相続人に承継されるため、第2順位・第3順位の相続人も相続放棄を検討する必要があります。

2. 期限

限定承認及び相続放棄を行う場合には、原則として相続開始を知った日から3か月以内に、家庭裁判所に申し出を行う必要があり、期限内にこれを行わない場合には単純承認をしたものとみなされます。したがって、相続発生後、早い段階で被相続人の財産と債務の状況を調査する必要があります。

3. 譲渡所得税が課税されるケース

相続の際の選択のひとつである限定承認を選択した場合に、所得税が課税されるケースがあることに留意が必要です。

所得税で譲渡所得の原因となる財産(たとえば、被相続人の取得価額1千万円、時価5千万円の土地A)を、被相続人の子が限定承認により

相続した場合には、税法上は相続開始日にその土地を被相続人が時価（5千万円）で相続人に譲渡したものとみなされ、時価5千万円と取得価額1千万円との差額4千万円について、被相続人に譲渡所得税が課税されてしまいます。したがって、限定承認を選択する場合には税理士などの専門家に相談されることをおすすめします。

被相続人　　　　　限定承認　　　　　相続人

土地A（取得価額：1千万円）
　　　（時価：5千万円）

⇒時価と取得価額との差額4千万円に対して、譲渡所得税が課税される。

6 遺産分割の仕方

Q 父の遺産には預金と不動産などがありましたが、遺産分割はいつまでに、どのように行えばよいのですか？

A 相続税の申告が必要な場合は、原則として申告書の提出期限までに、相続人全員が合意する遺産分割を行う必要があります。

1. 遺産分割の期限

　遺産分割の期限は特に定められていませんが、相続税の申告の際に相続税を大幅に軽減できる「配偶者の税額軽減」（80ページ参照）や「小規模宅地などの減額」（154ページ参照）などの特例措置は、原則として相続税の申告期限（相続開始日の翌日から10か月以内）までに分割されていることを要件としています。

　ただし、分割協議がまとまらない場合でも、期限内申告書に「申告期限後3年以内の分割見込書」を添付して税務署に提出し、3年以内に分割されれば、更正の請求により配偶者の税額軽減措置や小規模宅地などの減額措置の適用を受けることができます。

2. 遺産分割

　遺産分割は相続人全員の合意を得ることが大原則であり、相続人全員で遺産分割について協議を行うことになります。遺言がある場合には遺言の内容が優先され、その内容に基づいて遺産分割を行います。

　なお、相続人間で協議が整わないときなどは、家庭裁判所へ遺産分割

の請求をすることにより解決を図ることになります。
　具体的な遺産分割の方法として、現物分割、代償分割、換価分割があります。

（１）現物分割

　現物分割とは、自宅は配偶者へ、預金は子へなど、相続財産を現物のまま分割する方法をいいます。現実的にもっともよく採用されている分割の方法になります。

（２）代償分割

　代償分割とは、特定の相続人が相続財産の全部又は大部分をいったん取得し、自分の相続分を超えて取得した部分については、他の相続人に対して現預金などを支払うことにより分割する方法をいいます。
　財産の大部分が土地・建物のみといった不動産しかない場合など、複数の相続人では分割することが難しい状況で採用される方法です。

（３）換価分割

　換価分割とは、相続財産をいったん売却して、その売却代金を各相続人へ分配する方法です。相続することを希望しない財産があった場合などに採用される方法です。

3. 譲渡所得税が課税されるケース

代償分割、換価分割については、譲渡所得税が課税されることがあるため、注意が必要です。

(1) 代償分割

代償分割により他の相続人に交付する財産が現預金であれば、譲渡所得税は課税されませんが、所得税で譲渡所得の原因となる財産（たとえば土地・建物など）を交付した場合には譲渡として取り扱われ、代償財産を交付した相続人に譲渡所得税が課税されます。

(2) 換価分割

換価分割により売却した資産が、所得税で譲渡所得の原因となる財産（たとえば土地・建物など）であれば、換価代金の分配を受けた相続人に対して、譲渡所得税が課税されます。この場合、相続開始日の翌日から相続税の申告期限の翌日以後3年以内に譲渡すれば、相続財産を譲渡した場合の取得費加算の特例（140ページ参照）の対象となり、一定の相続税額が譲渡所得の計算上取得費に加算することができます。

第3章
エンディングノート

1 エンディングノートとは

Q エンディングノートを書店で販売されているのを見かけることがあります。
エンディングノートとは何ですか？

A エンディングノートは、万が一のことが起きたときの必要な情報や、家族や友人への伝言、財産状況や自分史などをノート一冊にまとめたものです。

1. エンディングノートの作成意義

普段は意識していない死というテーマや、自分が亡くなった後のことについて考えていなかった人でも具体的に考えるきっかけとなります。家族間でも話しづらい財産管理や相続という問題について話し合うための、コミュニケーションツールとしても利用することができます。

2. 終活との関係

最近、「終活」という言葉をよく耳にするようになりました。「終活」とは「人生の終わりのための活動」の略であり、言葉自体は平成21年に週刊朝日によってつくられた造語です。

この平成21年という年はイオンが葬儀業界に参入した年であり、映画「おくりびと」が第81回アカデミー賞・外国語映画賞を受賞した年でもあります。そして平成22年になると、「終活」がユーキャン新語・流行語大賞の候補語に選ばれました。その後、平成24年には再びノミネートされ、大賞こそ逃したもののトップテン入りをしています。これらの影響で終活という言葉が浸透しました。その終活を始めるためのきっかけ

やツールとして、エンディングノートが注目されるようになりました。

3. トラブルを防ぐために

　万が一のことが起きてしまったとき、自分の意思を伝えることができません。相続が争族になってしまう一番の原因は、被相続人の意思がわからない場合です。脳死により話すことができなくなってしまった場合も同様です。

　万が一の場合、意思を伝えることができないために想定されるトラブルは次のとおりです。

（1）相続人が財産の所在を把握できていない。

（2）相続税の納税資金がない。

（3）遺産の分割協議が難航する。

（4）家族に終末期治療の負担をかける。

（5）お葬式の際に業者のいいなりになってしまう。

　これらの問題は生前あるいは、もう少し早く伝えていれば防ぐことができたかもしれません。直接伝えていなくても、エンディングノートに意思を残しておく方法もあります。

4. エンディングノートの書き方

　現在、書店に行けば数多くのエンディングノートが販売されています。様式はさまざまですが、一般的には「医療介護」、「財産・管理」、「葬儀」、「自分のこと」をテーマに記入する項目が用意されています。出版社だけでなく、葬儀業者や金融機関などからも発行されていますので、自分に合ったものを選ぶことができます。

　また、白紙のノートに自由に書かれる方もいます。バインダーにまとめるのもひとつの方法です。

　既製品と自分で作成する場合の違いは以下のとおりです。

	長所	短所
既製品を購入する場合	・項目が用意されている。 ・時間がかからない。	・不要な項目がある。 ・自由に書くスペースが少ない。
自分でつくる場合	・自由に記載することができる。	・何を書くか迷う。 ・手間がかかる。

2 エンディングノートと遺言書

Q エンディングノートを作成すれば遺言書を書く必要はありませんか？ 両者の違いは何でしょうか？

A エンディングノートは遺言書とは違い、法的な効力がありません。あくまであなたの希望を記入するものです。

1. エンディングノートと遺言書との違い

　エンディングノートと遺言書（26ページ参照）との大きな違いは、法的な効力があるかないかです。エンディングノートには法的な効力はなく、あくまで本人の希望を記入するものです。

　エンディングノートにはさまざまな項目があるので、遺言書とセットで作成することで、遺言書には書ききれない事柄や想いを書き残すことができます。

　遺言書には書かない事柄の備忘記録・伝達録として、あるいは普段なかなか言えない想いを伝える手紙として使うという点で、遺言書を補填しています。

2. エンディングノートと遺言書との共通点

　相続税がかかるほど財産を持っていないし、家族仲もいいので争族にはならないと思われている方も多いと思います。

　しかし、財産の額にかかわらず遺産相続は思った以上に手間がかかり、遺族への負担が大きくなります。遺産相続をきっかけに、家族関係が気

まずくなることは、財産の多い少ないに関係ありません。

　エンディングノートや遺言書は、遺族の遺産相続手続きが簡略化されて負担が軽くなったり、遺産争いを未然に防ぐことができることで共通しています。

3. 遺言書以外にエンディングノートとともに作成する書類

　特に高齢者の方に推奨するものは、財産管理などの委任契約書、任意後見契約書、尊厳死の宣言書の3つがあります。

(1) 財産管理などの委任契約書

　財産管理などの委任契約書とは、身体が不自由になった場合に、信頼している人（家族以外の第三者でも可能）に対して、銀行などの金融機関の口座から現金の引き出しや支払いといった財産管理を頼むための書類です。寝たきりで事あるごとに委任状が書けないといったときにも、日常的な財産管理を代理人ができるようになります。

(2) 任意後見契約書

　任意後見契約書とは、認知症などで判断能力が低下したときのために、将来任意後見人となる人をあらかじめ決めておき、その人に財産管理や介護契約などの手続きを頼むための書類です。任意後見契約自体は公証役場で締結することになります。本人の判断能力が低下してから任意後見受任者は業務を行います。

(3) 尊厳死の宣言書

　尊厳死の宣言書とは、病気や事故で末期状態になったときに、延命措置をせず自らの考えで尊厳死を選ぶことを医療機関に伝えるための書類です。

任意後見契約書以外は私的につくることもできますが、公正証書にしたほうが安心です。

3 エンディングノートの必要性 医療・介護編

Q 医療介護の項目はどういったことを記載するのですか?

A 不慮の事故や病気や認知症など、急に自分の意思を伝えることができなくなってしまった場合に備えて、告知や延命措置など医療介護に係わる自分の希望を記載します。

1. 告知

たとえば、医師から末期がんと診断された場合に問題が生じます。この場合、医者は本人に告知すべきかどうかを、家族に尋ねることがあります。告知を受けることが本人にとってよいことかどうかは、その人次第です。

告知を受ける方がよいという人にとっては、告知されることで、現在の仕事の方法を変えたり、今後の過ごし方を考えることができます。

病気のことを気にせずに日常生活を送りたいという人には、告知をしない方がよいとも考えられます。

エンディングノートにその意思を記しておくことで、判断について家族に精神的な負担をかけずにすみます。

告知について記載例
- 病名、余命とも告知してほしい。
- 病名だけ告知してほしい。
- 病名、余命とも告知しないでほしい。

2. 延命措置

　脳死状態になってしまった場合には延命措置を行うのかという問題があります。

　延命措置とは別に尊厳死もあります。しかし一般的には脳死状態での尊厳死が認められるのは、回復する見込みがなく、延命措置をしても死期を引き延ばすだけという場合であり、その判断を家族がすることは非常に難しいです。尊厳死を希望する場合は本人の意思表明の他に、できるだけ家族の同意を得て、それを尊厳死の宣言書に記載したほうがよいでしょう。

　一度延命措置をはじめると、それを停止することは難しいので、事前に考えておくことも大切です。

延命について記載例

- ・延命措置を希望する。
- ・家族の判断に任せる。
- ・苦痛の緩和は行ってほしいが、延命措置までは希望しない。
- ・延命措置は望まない。尊厳死の宣言書を作成した。
- ・臓器提供を希望する、しない。
- ・献体を希望する、しない。

　その他の医療介護関係で記載する内容としては次のとおりです。

項　目	回答例
回復する見込みがない場合の過ごす場所	自宅、病院、ホスピス、専門の施設
誰に介護してほしいか	配偶者、子ども、プロのヘルパー
介護を受けたい場所	自宅、病院、施設
介護費用の財源	預貯金、年金、有価証券売却資金

4 エンディングノートの必要性 財産管理編

Q 財産管理の項目はどういったことを記載するのですか？

A 預貯金、不動産、保険などの財産、遺言の有無、保管場所と作成日時などです。

1. 財産

　財産を記載するのは相続のためです。相続が起きた場合、まず遺言書の有無を確認します。遺言書がなければ相続人全員で話し合い、相続財産の分け方を決める遺産分割協議を行うことになります。この話し合いが終わらないと凍結された預金を解約することや、不動産の名義変更もできません。

　相続財産の分け方を決める場合、最初にどういった財産があるのかがわからないと、話を進めることができません。家族が把握をしていない財産情報を記載しておくことで、遺産分割の際に役立ちます。

　残された財産を円滑に分割する手助けにもなります。エンディングノートに遺言書のような強制力はありませんが、家族仲に問題がなければ、遺族はエンディングノートに書かれた内容をあなたの意思であると受けとめて、遺産分割を進めてくれるでしょう。

2. 管理

　不慮の事故や病気、認知症の場合にかぎらず、加齢により自身の財産の管理を行えなくなってしまう場合もあります。

その場合に、家族など周りの人がエンディングノートを見て、これまでの財産管理を引き継ぐ際にも役立ちます。

財産管理の記載項目例

（1）預貯金

金融機関名	支店名	口座の種類	口座番号	名義人
○○銀行	××支店	普通預金	000001	ゆびすい太郎

（2）株式

銘柄	株数	購入日	取得価額	証券会社名	名義人
ゆびすい㈱	100株	平成28年1月1日	100万円	YS証券	ゆびすい太郎

（3）不動産

物件	住所	その他
土地・建物	現住所、登記簿上の所在地	持分、共有者名義、賃貸物件等

（4）保険

保険の種類	生命保険	保険金額	死亡時1千万円
保険会社	YS生命保険㈱	担当者	山田一郎
契約者	ゆびすい太郎	受取人	ゆびすい一郎
保険料	月2万円	支払方法	口座振替

（5）貸付金・借入金

相手先	ゆびすい次郎	連絡先	00-0000-0000
貸付金額	200万円	貸付日	平成27年1月1日
返済期限	平成35年12月31日	返済方法	一括
証書の有無	有	証書の保管	タンスの引出

5 エンディングノートの必要性 その他

Q エンディングノートに医療介護、財産管理について書くことは大事だと思います。他に書いておいたほうがよい項目に何がありますか？

A 葬儀関係や自分のことについて書くことも大切です。

1. 葬儀関係

　葬儀は突然家族が亡くなってしまい気持ちの整理のつかないまま行われることもあります。余命などが宣告されている場合であっても、家族は故人を惜しむなかで葬儀の準備を進めていかなければなりません。葬儀業者に任せておけばよいという考えもありますが、遺族からすれば、葬儀の段取りに追われてしまい、はたして本人が望んでいたものであったのだろうかと葬儀が終わった後に考えてしまうかもしれません。エンディングノートがあれば、どのような葬儀にしてほしいかという、あなたの意思を伝えることができます。

　あらかじめ葬儀関係者に依頼されているのであれば、その業者名やその連絡先、内容、金額まで記載しましょう。また、意外に自分の家の宗派を知らない家族もいるかもしれませんので、宗派名やその特徴も記載しておくとよいでしょう。

　最近では、葬儀中に流す家族に向けたビデオレターを制作しておいたり、葬儀中の音楽についても選曲されていたりする場合もあります。

2. 自分のこと

　自分の学歴や職歴、本籍や家系図、交友関係などのプロフィールも書き残しましょう。履歴書のように書くのではなく、ブログを書くような感覚ではじめると進めやすくなります。書き進めているうちに、子どもの頃のことや結婚式のことなど過去のさまざまな思い出や経験がよびおこされるでしょう。その中で子どもや孫たちにも語り継いでいってもらいたいことを、エンディングノートに記載していきます。

　また、エンディングノートには「医療介護」、「財産・管理」、「葬儀」、「自分」のことの4つをテーマに記入する項目が用意されていることが多いですが、これらは本人の死亡後の申告にも影響します。

項　目	記載項目	税金の申告関係
医療介護	病院	準確定申告の医療費控除
	保険の契約	相続税の計算・準確定申告の医療費控除
	介護費用	準確定申告の医療費控除
財産管理	財産	相続財産・債務の把握
	管理（金庫・貸金庫）	相続財産の把握
葬儀・お墓	葬式の費用	債務控除
	お墓の購入	相続税の非課税
自分のこと	家系図	法定相続人の特定
	遺言の有無	遺産分割協議

第4章
遺産整理

1 相続財産の特定

Q 父が亡くなりました。遺言書がなく、生前父がどのような財産を持っていたのかわかりません。調べる方法はありますか？

A 父宛の郵便物の確認や領収書・振込明細書・契約書・エンディングノートなどの確認を行って財産を調べます。

1. 郵便物や領収書などから判明する財産の具体例

（1）銀行・郵便局関係

その銀行に預金口座を持っていることや金融商品を所有していたことがわかります。また、借入金があることも考えられます。

（2）証券会社関係

株式や国債などの有価証券を所有していることがわかります。

（3）保険会社関係

生命保険や個人年金に入っていたことがわかります。

（4）各市区町村関係

固定資産税の課税明細が送られてきている場合には不動産を所有されていることがわかります。

（5）クレジットカード関係

カードローンなどの債務がある可能性があります。また、カードの引落しにかかる銀行口座があることがわかります。

（6）各種契約書

金銭消費貸借契約書がある場合には借入金があることや、反対に誰かにお金を貸していることがわかります。

2. 取引履歴の確認

郵便物などの確認と並行して、所有されていた預金口座が判明したら、相続開始日から遡って過去5年間程度の取引履歴を確認してください。

過去の取引から判明することも多くあります。

（1）保険料や固定資産税の支払いがある場合

生命保険・個人年金に入っていることや、不動産を所有していることがわかります。固定資産税を分割払いしている場合は、未払の固定資産税を相続財産から控除することができます。

（2）通帳に「貸金庫手数料」という名目の支出がある場合

その銀行に貸金庫を借りています。貸金庫の中に現金や重要書類などを保管していることもありますので、確認する必要があります。

（3）金額の大きな入金や出金がある場合

不動産の売買、贈与あるいは名義預金の可能性が考えられます。契約書で、贈与があったことが明らかな場合は、贈与となりますが、贈与でない場合は、名義預金（単なる家族名義の預金）として相続税の課税対象となります。

特定の相続人に対し贈与をしている場合、3年以内の贈与財産は相続財産に加算しなければならない（72ページ参照）という税制上の規定がありますので、特に注意が必要です。

（4）配当の入金がある場合
　株式を保有していることがわかります。また、入金額により保有株式数を算定することも可能です。

（5）年金の入金がある場合
　公的年金以外の保険会社などからの年金の入金がある場合は、「年金受給権」が相続税の対象となることもあるため、年金の契約内容を確認する必要があります。

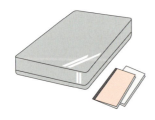

2 名義変更

Q 相続財産が特定されると、次にすべきことは何ですか？

A 相続に関係する不動産・預金などの名義変更はもちろんですが、住民票の世帯主変更や電気・ガスなどの名義変更、クレジットカードの退会届など、相続には直接関係のない部分の手続きも数多くあります。

1. 不動産の名義変更

不動産の名義変更で注意が必要な場合があります。それは名義が2世代以上前から変更されていない場合です。たとえば以下のような親族図の家計で、名義が祖父のままの場合、名義変更するためには一度「叔父」と「父」で遺産分割協議書を作成する必要があります。しかし、両者ともすでに亡くなっているために、それぞれの相続人である「私」「子A」「子B」で遺産分割協議書を作成しなければなりません。

このように、世代が古くなればなるほど同意を得なければならない人数が増えていき、もめる可能性が高くなってしまうため、相続の都度、名義変更を行っておく必要があります。

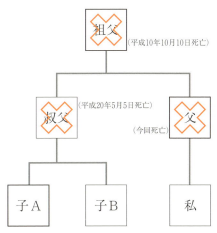

2. 各種手続きの内容

次項の表が一般的に必要となる手続の一覧となります。

種　類		内　容	届　出　先	期　限
遺産の承継		限定承認	管轄家庭裁判所	3か月以内
		相続放棄	管轄家庭裁判所	3か月以内
生活	住民票	世帯主変更	市区町村の住民票担当課	14日以内
	電気	名義変更	所轄電気会社	すみやかに
	ガス	名義変更	所轄ガス会社	すみやかに
	水道	名義変更	所轄水道局	すみやかに
	電話	加入権承継届	所轄電話会社	すみやかに
	賃貸住宅	名義承継	管理会社	すみやかに
	クレジットカード	退会届	クレジットカード会社	すみやかに
保険金・給付金等の請求・年金手続	国民健康保険	葬儀費の受給	住所地の市区町村の国保担当課	2年以内
	社会保険	埋葬料	勤務先又は管轄の年金事務所	2年以内
	共済保険			
	（共通）	高額療養費	上記健康保険の窓口	2年以内
	労災保険	葬祭費	勤務先又は管轄の労基署	2年以内
		遺族補償年金		5年以内
		死亡一時金		5年以内
	自賠責保険	賠償保険金	損害保険会社	2年以内
	生命保険	死亡保険金 未払給付金	生命保険会社	2年以内
	厚生年金 共済年金	受給権者死亡届	勤務先又は管轄の年金事務所	14日以内
		未受給年金		
		遺族厚生年金		すみやかに
	国民年金	受給権者死亡届	市区町村の国民年金担当課	14日以内
		未受給年金		
		遺族基礎年金		5年以内
		寡婦年金		5年以内
		死亡一時金		2年以内
名義変更	預貯金	解約又は名義変更	金融機関	遺産分割後すみやかに
	有価証券	名義書換	証券会社	遺産分割後すみやかに
	不動産	相続登記	法務局	遺産分割後すみやかに
	生命保険	契約変更	生命保険会社	すみやかに
	損害保険	名義変更	損害保険会社	すみやかに
	自動車	移転登録	陸運支局事務所	15日以内

3 各種手続きの代行

Q 遺産整理や申告手続き自体は自分で行うことができるものなのでしょうか？ また、誰かに依頼する場合はどのような方に頼んだらよいのでしょうか？

A 住民票の世帯主変更や電気・ガスなどの名義変更などの手続きなどは比較的簡単にできますので、自分で行うことも可能です。しかし、申告手続きや不動産登記など専門知識が必要なものに関しては難しいと思います。依頼する場合は、税理士・司法書士・弁護士・銀行など、各専門家にお願いすることになります。

1. 自分で行う場合のメリット・デメリット

（1）メリット

自分で行うため、費用を最小限に抑えることができます。

（2）デメリット

預金などの名義変更は各金融機関によって揃える書類や手続きが違うことも多いため、役所や銀行に何度も足を運ばなければならないこともあります。

また、相続税申告や遺産分割、不動産登記などは専門的な知識が必要なため、自分で行うには、手間と時間がかかります。

2. 各専門家に依頼する場合のメリット・デメリット

(1) メリット

専門的知識を有しているため、安心して任せることができます。

(2) デメリット

費用がかかります。

3. 各専門家の主な業務内容

税理士……税金の計算や申告業務の専門家。
　　　　　申告業務は、本人以外では税理士しか行えない。
　　　　　遺産分割の内容により、相続税額が変わるため、遺産分割のアドバイスを受けたほうがよい場合がある。
司法書士…不動産登記などの業務を行う専門家。
　　　　　申告時に必要となる戸籍などの代理取得も可能。
弁護士……法律関係の専門家。
　　　　　遺産分割などで揉めてしまう場合などに依頼する。
　　　　　調停や審判など裁判所での手続きとなる場合は弁護士しか代理人となることはできない。
銀行………最近は遺産整理業務や遺言執行を行っている銀行も増えてきている。

　上記の内容をわかりやすくまとめると次の図のようになります。

		自分	税理士	司法書士	弁護士	銀行
相続税申告		△ （ほぼ不可能）	◎	×	×	△ （税理士に外注しているところが多い）
遺産分割		△	○	◎	○ （揉めているとき）	△ （司法書士に外注しているところが多い）
遺産整理	名義変更（例 金融機関）	・銀行によって必要書類が異なり、作業が煩雑 ・平日に休まないといけない（土日は金融機関は休み）	・銀行とのやりとりを数多くこなしているため、円滑に進む	・銀行とのやりとりを数多くこなしているため、円滑に進む	・銀行とのやりとりを数多くこなしているため、円滑に進む	・円滑に進む ・依頼銀行ならさらに円滑
	不動産登記	△ （少し難しい）	×	◎	×	△ （司法書士に外注しているところが多い）
	手数料	自分で行うため0円 （実費のみ負担）	金融機関の半額ほど	金融機関の半額ほど	弁護士のため、割高	最低108万〜

4 遺産整理

4 必要書類

Q 相続税の申告手続を行う際に必要な書類がたくさんありますが、どこでどのような書類を揃えればいいのかわかりません。

相続財産の種類や相続人によって必要な書類は変わりますが、以下のような書類が必要となります。 A

必要書類等	発行機関
除籍謄本・戸籍謄本・戸籍謄本の附票・戸籍抄本・印鑑証明（個人）固定資産評価証明書・名寄帳・住民票　他	市役所 区役所
法人登記簿謄本・印鑑証明（法人）・不動産登記簿謄本・測量図公図・身分証明（成年被後見人）	法務局
遺言の検認証明	家庭裁判所
公正証書遺言	公証人役場

＜相続税の申告での必要書類＞

1. 被相続人の出生から死亡までの戸籍謄本……………… 各1通
2. 被相続人の戸籍の附票………………………………………… 1通
3. 相続人　戸籍謄本……………………………………………… 各1通
　　　　　印鑑証明書………… 各1通（相続人が1人の場合は不要）
　　　　　住民票……………………………………………………… 各1通
4. 遺産分割協議書など（遺言がある場合は、遺言書）
5. 不動産登記簿謄本
6. 固定資産評価証明書

財産の種類に応じて必要な書類は変わりますが、申告書の添付書類として税務署へ提出することになります。

＜名義変更での必要書類＞
1．被相続人の出生から死亡までの戸籍謄本……………………各1通
2．被相続人の戸籍の附票……………………………………………1通
3．相続人　戸籍謄本……………………………………………各1通
　　　　　印鑑証明書………各1通（相続人が1人の場合は不要）
　　　　　住民票……………………………………………………各1通
4．遺産分割協議書など（遺言がある場合は、遺言書）

　預金などについては、原則は遺産分割を行い、上記＜名義変更での必要書類＞1～4の書類（住民票を除く）に加え、取得者本人の実印を準備して名義変更を行うことになります。
　しかし、遺産分割を行うまでにどうしても資金が必要になる場合もあるかと思います。その場合は相続人全員の同意があれば、被相続人の預金口座を解約して現金で受け取ることも可能です。
　その際には上記＜名義変更での必要書類＞1～3の書類（住民票を除く）に加え、相続人の同意書・受け取られる代表相続人の実印が必要となります。
　不動産については遺言書がない場合、遺産分割協議書は必須です。そのほか、上記＜名義変更での必要書類＞1～3の書類に加え、不動産の全部事項証明書も必要となります。
　有価証券についても必要書類は大きく変わりませんが、証券会社によっては相続される方が、証券口座を持っていない場合には新規に口座の開設を求められる場合もあります。

5 戸籍・登記簿謄本からわかること

Q 戸籍や登記簿謄本はなぜ必要なのでしょうか？

戸籍は相続人を確認するため、謄本は不動産の所在や権利関係の確定をするために必要となります。 **A**

1. 戸籍謄本

通常、戸籍は一番新しい戸籍からより古い戸籍へと順番に入手します。

具体的に下記の戸籍のサンプルを活用して相続人をどのように確定させるのかをみていきます。

(図1)

除籍	全部事項証明
本籍	○○○○○
氏名	甲野太郎
戸籍事項 戸籍改製 戸籍削除	平成11年1月17日 平成26年3月4日
戸籍に記録されている者 除籍	【名】太郎 【配偶者区分】夫
身分事項 出生 婚姻 死亡	昭和24年6月1日 昭和46年7月20日 平成26年3月4日
戸籍に記録されている者	【名】花子 【配偶者区分】妻
身分事項 出生 婚姻	昭和25年8月1日 昭和46年7月20日
戸籍に記録されている者	【名】次郎 【続柄】長男
身分事項 出生	昭和50年4月1日

(図2)

籍本　改製原戸籍
昭和46年7月20日編製
改製により平成11年1月17日削除
昭和24年6月1日出生
昭和46年7月20日婚姻
氏名　甲野太郎
父母
太郎
昭和24年6月1日
続柄

(図3)

籍本　除籍
昭和29年9月13日編製
により新戸籍編製につき除籍
昭和46年7月20日婚姻
昭和24年6月1日出生
氏名　甲野○○
父母
太郎
昭和24年6月1日
続柄

図1により被相続人である「甲野太郎」が平成26年3月4日に死亡したことがわかります。また、妻である「花子」、長男である「次郎」が同じ戸籍に記載されていることもわかります。

送信先 FAX 03-3239-2565 出版文化社

読者アンケート

抽選で10名様に図書カードNEXT（1,000円分）を進呈

弊社書籍をお買いあげいただきまことにありがとうございます。
本書の感想やご意見などをお寄せください。ご記入いただいた方の中から抽選で10名様に図書カードNEXT（1,000円分）を進呈します（本書購入年の12月末日締め切り）。
ウェブサイトまたはQRコードからもアンケート送信ができます。
http://www.shuppanbunka.com/q/
なお、本アンケートは今後の出版活動の参考にさせていただきます。

■ 購入された書籍名 [　　　　　　　　　　　]
■ 購入された書店名 [　　　　　　　　　　　]
■ 購入日　　　　　年　　月　　日頃
■ 定期購読されている新聞・雑誌 [　　　　　　]
■ どのような方法で本書をお知りになりましたか。
　1 広告を見て　　2 書店で現物を見て　　3 人に勧められて
　4 インターネットで検索　　5 その他 [　　　　]
■ 本書の購入動機をお聞かせください。
■ 本書についての感想やご意見をお聞かせください。
■ 最も関心のある企業、人物、事象をお聞かせください。

お名前
ご住所 〒
電話（　　　）　　　　　FAX（　　　）
E-mail
職業　会社員（　　　　）　　　　　　年齢　　　歳

業界）、公務員、教員、自営業、主婦、学生、その他（　　）

図1の戸籍は平成11年1月17日に改製されています。そのため、図2の改製原戸籍も入手する必要があります。

　図2の改製日も平成11年1月17日なので、図1と図2の戸籍が連続していることがわかります。

　次に図2の戸籍事項欄を確認すると、昭和46年7月20日に戸籍が編製されてます。そのため、編製前の戸籍である図3を入手する必要があります。

　この2つの戸籍を確認すると、編製日と除籍日が昭和46年7月20日で同じです。そのため、この戸籍も連続していることがわかります。

　図3の戸籍を確認すると昭和23年9月13日に編製されています。

　太郎さんは昭和24年6月1日生まれで、この戸籍の編製後に生まれていますので、これより前の戸籍をたどっても太郎さんの名前は出てきません。

　これで、太郎さんの出生から死亡までの戸籍が揃いました。

　太郎さんの出生から死亡までの戸籍を確認すると、妻の「花子」と長男の「次郎」以外に戸籍に記載されている人物はいません。

　最終的には「花子」と「次郎」の現在戸籍を確認する必要はありますが、これらの戸籍から太郎さんの相続人は「花子」と「次郎」の2人であることが確定されます。

2. 登記簿謄本

　登記簿謄本は、誰がどこにどのような不動産を所有しているかを確定させるために必要となります。

大阪府大阪市○○1丁目234

【表題部】	（土地の表示）		調整　平成11年9月22日		地図番号	余白
【不動産番号】	1234567890					
【所在】	大阪市○○1丁目234		余白			
【①地番】	【②地目】	【③地積】	㎡	【原因及びその日付】		【登記の日付】
234番	宅地	485	13			昭和48年5月6日

【甲区】	（所有権に関する事項）		
【順位番号】	【登記の目的】	【受付年月日・受付番号】	【権利者その他の事項】
1	所有権移転	昭和60年8月20日 第987654321号	原因　昭和60年8月20日売買 所有者　大阪市○○○ 　　　　甲野　太郎

【乙区】	（所有権以外の権利に関する事項）		
【順位番号】	【登記の目的】	【受付年月日・受付番号】	【権利者その他の事項】
1	抵当権設定	昭和60年8月20日 第987654322号	原因　昭和60年8月20日保証委託契約に 　　　基づく求償債権昭和60年8月20日設定 債権額　金3,000万円 債務者　大阪市○○○ 　　　　甲野　太郎 抵当権者　東京都○○区○○○ 　　　　××住宅ローン保証株式会社

　上記の登記簿謄本から、「大阪府大阪市○○1丁目234」という地番の土地を甲野太郎さんが所有していることがわかります。

　他にも謄本からは、【②地目】や【③地積】からこの土地が宅地として利用されていることや、地積が485.13㎡であることがわかります。

　また、【甲区】の「権利者その他の事項」を見れば甲野太郎さんがこの土地を昭和60年8月20日に売買によって取得したこともわかります。

　次に、【乙区】では、不動産の担保の設定状況が記載されます。甲野太郎さんが、3千万円の借り入れに対してこの不動産を担保に入れていることがわかります。

第5章 相続税申告納付

1 相続税の申告の概要

Q 父が亡くなり、母と息子である私の2人が財産を相続しました。この場合、誰がいつまでに相続税の申告・納付を行う必要がありますか？

A 相続により取得した財産が基礎控除額を超えるときは、相続により財産を取得した相続人などは被相続人が死亡した日の翌日から10か月以内に相続税の申告・納付を行う必要があります。

1. 課税対象財産の概要

　相続税が課税される財産には、現金、預貯金、株や社債などの有価証券、土地、建物のほか貸付金、特許権、著作権などの経済的価値のあるすべてのものが含まれます。

　この他、被相続人の死亡を原因として受けとった死亡退職手当金や被相続人が保険料を負担していた生命保険契約の死亡保険金、被相続人から死亡前3年以内に贈与により取得した財産なども、相続税の課税対象になります。

　また被相続人から、相続時精算課税（98ページ参照）の適用を受けて、財産を贈与されていた場合には、その贈与財産も相続税の対象となります。

2. 相続開始前3年以内の贈与は加算される

　相続によって、被相続人から財産を取得した人が、被相続人から相続開始前3年以内に財産を贈与されていた場合には、その贈与財産も相続

財産に加算され、相続税が課されます。この場合、納付した贈与税は、相続税から控除されます。

　一方で、相続開始前3年以内の贈与であっても、相続人にならない子の配偶者や孫などに対するものは、相続財産に加算する必要はなく、相続税は課されません。

3. みなし相続財産

　被相続人が死亡したことにより取得した保険金や退職金などは、本来の相続財産とは異なるものの、相続で財産を取得するのと同様の経済効果をもたらすことから、相続税の計算上、相続財産とみなします（このような相続財産とみなされるものを「みなし相続財産」といいます）。みなし相続財産は、相続財産に加算され、相続税が課せられます。ただし死亡保険金及び死亡退職金に関しては、一定金額について非課税（75ページ参照）となります。

　みなし相続財産となるものは、次のとおりです。

（1）死亡保険金

　被相続人の死亡が原因で受けとった保険金のうち、被相続人が保険料を負担した部分については、みなし相続財産となります。

（2）死亡退職金

　被相続人が死亡したことにより相続人などに支払われた退職金で、被相続人の死亡後3年以内に支払われることが確定したものについては、みなし相続財産となります。

（3）生命保険契約に関する権利

　被相続人以外が被保険者である生命保険契約について、被相続人が生

前に保険料を負担していた場合は、生命保険に関する権利として、みなし相続財産となります。その財産価額は、相続開始の時における解約返戻金の額になります。

4. 基礎控除

基礎控除額は、以下の算式により計算します。

30,000,000円 + 6,000,000円 × 法定相続人の数

5. 相続税の申告期限

相続税の申告は、被相続人が死亡した日の翌日から10か月以内に行う必要があり、相続税の申告書を提出する先は、被相続人の死亡時における住所地の所轄税務署になります。

仮に正当な理由なく、相続税の申告・納付を行う必要があるにもかかわらず期限までに申告しなかった場合には、本来納めるべき税額に加えてその15％の金額を無申告加算税として納める必要があります。

2 相続税がかからない財産と債務控除

Q 父が亡くなったのですが、被相続人である父の持つ財産すべてに相続税が課されるのですか？また、借入金がある場合はどうなりますか？

A 相続税のかからない財産（非課税財産）があります。また借入金などの債務は財産から控除することができ、債務だけでなく、葬式費用も相続財産から控除が可能です。

1. 非課税財産

遺産の中には、財産の性質や生活への配慮から課税しないこととしているものがあります。主なものは次のとおりです。

（1）墓地や墓石、仏壇などの日常礼拝をしているもの

ただし、骨とう品で価値があるなど投資の対象となるものや商品として所有しているものは相続税がかかります。

（2）相続や遺贈によって取得した資産で地方公共団体などに寄付したものなど

相続や遺贈によって取得した財産で、相続税の申告期限までに国又は地方公共団体や公益を目的とする事業を行う特定の法人に寄附したものについては非課税となります。

また、相続や遺贈によって取得した金銭で、相続税の申告期限までに特定の公益信託の信託財産とするために支出したものについては、非課税となります。

（3）死亡保険金のうち一定額

　みなし相続財産となる死亡保険金（73ページ参照）のうち、500万円に法定相続人の数をかけた金額が非課税とされます。

（4）死亡退職金のうち一定額

　みなし相続財産となる死亡退職金（73ページ参照）のうち、500万円に法定相続人の数をかけた金額が非課税とされます。

2．被相続人の債務

　被相続人の債務については、相続発生時にすでにあったものは財産から控除します。具体的には、住宅ローンやキャッシュカードの債務、その他借入金などです。なお、被相続人が生前に購入した墓地などの非課税財産にかかる未払金などは、課税財産から差し引くことはできません。

3．被相続人の葬式費用

　被相続人の葬式にかかった費用についても債務と同様に相続財産から控除することが認められています。

　相続財産から控除できる葬式費用については、葬式に際してかかった費用の他に、埋葬・火葬料や遺骨の回送に要した費用も認められます。一方で香典返しにかかる費用や墓地の購入費、法事に要する費用などは葬式費用として認められません。

葬式費用の例示

葬式費用となるもの	葬式費用とならないもの
・葬式又は葬送に係る費用 ・お布施・読経料・戒名料 ・火葬・埋葬・納骨費用 ・遺体運搬費用	・香典返戻費用 ・墓碑及び墓地の購入費 ・初七日の費用 ・四十九日の費用 ・遺体解剖費用

4. その他相続財産に含めないもの

　未支給年金については、「被相続人が受け取るべきであった未支給の年金を請求出来る権利は、年金法で規定する遺族固有の権利であり、相続の対象となるものではない。」という考えから、相続財産ではなく、相続人の一時所得として所得税が課税されます。ただし、一時所得の金額が50万円以下であれば、所得税は課税されません。

3 相続税の計算方法

Q 相続税は、どういった流れで計算されるのでしょうか？

A 相続税は、相続財産の評価額から基礎控除額を差し引いた金額を各相続人の法定相続分で按分し、この按分した金額に税率を乗じて計算します。

1. 相続税の計算の流れ

（1）課税価格の確定

課税対象となる相続財産の評価額から、被相続人の債務などを差し引きます。次に、被相続人が相続開始前3年以内に当該相続で財産を取得した者に贈与した財産の価額を加えて、相続税が課される課税価格を計算します。

（2）課税遺産総額を計算

（1）で計算した課税価格から基礎控除額を差し引き、課税遺産総額を計算します。基礎控除額は、「3千万円＋6百万円×法定相続人の数」で計算します。

（3）法定相続分の計算

課税遺産総額を、各相続人が民法で定めた法定相続分（32ページ参照）で取得したものとして各相続人の取得価額を計算します。

（4）相続税総額を計算

（3）で計算した各相続人の取得価額に税率を乗じて計算した金額の合計額が相続税の総額となります。

（5）相続税総額を各相続人に配分

最後に、（4）で求めた相続税の総額を各相続人が実際に取得する財産額の比で按分し、各相続人について各種税額控除などを差し引いたものが各相続人などの納付すべき相続税額となります。

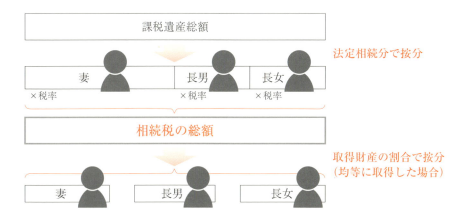

2. 各種税額控除

(1) 税額控除の適用順序

「1．相続税の計算の流れ」において各相続人に配分された相続税額から、各相続人の状況に応じて税額を軽減する規定があります。税額控除としては、①暦年課税分の贈与税額控除、②配偶者の税額軽減、③未成年者控除、④障害者控除、⑤相次相続控除、⑥外国税額控除があります。

(2) 配偶者の税額軽減

税額控除のうちもっとも重要度の高い規定は、配偶者の税額軽減です。被相続人の配偶者が相続により取得した正味の遺産額が、次の金額のどちらか多い金額までは配偶者に相続税はかかりません。
　①1億6千万円
　②配偶者の法定相続分相当額
　実際の軽減額の計算は以下のように計算していきます。

　　　(a) 課税価格の合計額 × 配偶者の法定相続割合

　　　(b) (a)と1億6千万円のいずれか多い方

　　　(c) (b)と配偶者の実際取得額のいずれか少ない方

　　　(d) 税額軽減 = 相続税の総額 ×(c)÷課税価格の合計額

4 相続税計算の具体例

Q 財産状況と相続人の構成によって相続税はどの程度変わってくるのでしょうか?

A 相続税額は、遺産と家族の状況により千差万別です。事例をみてイメージしてください。

事例

（相談内容）

相続人	妻（75歳）と子ども2人（長男50歳と長女47歳）
相続財産	10億円
被相続人の債務	5,200万円
相続する金額	妻：60%　子ども20%ずつ

（相続税の計算）

相続税の計算の流れ（78ページ参照）に基づいて計算すると、次のようになります。

相続税総額の計算

課税遺産総額 (注2)							
課税価格 (注1)		基礎控除					
948,000,000	− (	30,000,000	+	6,000,000 × 3	) =	900,000,000	
法定相続分で按分							
妻	900,000,000	×	1/2	=	450,000,000		
長男	900,000,000	×	1/4	=	225,000,000		
長女	900,000,000	×	1/4	=	225,000,000		
法定相続分に基づく税額 (速算表をもとに計算)							相続税額計
妻	450,000,000	×	50%	−	42,000,000	= 183,000,000	
長男	225,000,000	×	45%	−	27,000,000	= 74,250,000	331,500,000
長女	225,000,000	×	45%	−	27,000,000	= 74,250,000	

相続税額の配分及び確定

	妻 60%	長男 20%	長女 20%	合計
取得純財産	5億6,800万	1億8,960万	1億8,960万	9億4,800万
相続税額の配分（注3）	1億9,890万	6,630万	6,630万	3億3,150万
配偶者の税額軽減（注4）	△1億6,575万			△1億6,575万
確定納付税額	3,315万	6,630万	6,630万	1億6,575万

（注1） 課税価格948,000,000

$\qquad$ ＝相続財産1,000,000,000－債務52,000,000

（注2） 課税遺産総額900,000,000

$\qquad$ ＝課税価格948,000,000－基礎控除48,000,000

（注3） 相続税額の配分

　妻　　 198,900,000＝相続税額計331,500,000×取得純財産割合60%
　長男　　66,300,000＝相続税額計331,500,000×取得純財産割合20%
　長女　　66,300,000＝相続税額計331,500,000×取得純財産割合20%

（注4） 配偶者の税額軽減

（a）474,000,000

　　＝課税価格の合計額948,000,000×配偶者の法定相続割合1/2
（b）（a）474,000,000＞160,000,000のいずれか多い方　∴474,000,000
（c）（b）474,000,000と配偶者の実際取得額568,800,000のいずれか少ない方

$\qquad$ ∴474,000,000
（d）配偶者の税額軽減165,750,000

　　＝相続税の総額331,500,000×（c）474,000,000÷課税価格の合計額
　　948,000,000

相続税の速算表

法定相続人の取得金額	税率（％）	控除額（万円）
1,000万円以下	10	−
1,000万円超　3,000万円以下	15	50
3,000万円超　5,000万円以下	20	200
5,000万円超　1億円以下	30	700
1億円超　2億円以下	40	1,700
2億円超　3億円以下	45	2,700
3億円超　6億円以下	50	4,200
6億円超	55	7,200

5 亡くなった年の確定申告

Q 亡くなった父が毎年確定申告をしていたのですが、亡くなった年の確定申告もしなければいけないのでしょうか？

A 被相続人の亡くなった年の1月1日から死亡日までの所得について相続人が代わりに確定申告を行います。これを準確定申告といいます。

1. 準確定申告を行う場合

　所得税は、毎年1月1日から12月31日までに生じた所得について計算し、それに基づき税額を算出し、翌年の2月16日から3月15日までに申告・納税を行う必要があります。

　年の途中で亡くなった場合は、相続人が死亡した人の1月1日から死亡日までの所得に対する税額を計算し、申告・納税を行う必要があります。

　所得税の還付を受けることができる人が、還付申告を行うことなく亡くなった場合にも、被相続人に代わって相続人が申告することができます。

2. 申告

　相続人は被相続人の住所地の所轄税務署長に対して、相続開始があった日の翌日から4か月以内に申告・納税する必要があります。

　準確定申告は相続人が1人の場合は、当該相続人が行います。相続人が2人以上いる場合は、各相続人が連署で申告を行います。

3. 手続き

　準確定申告の手続きや各種所得控除は普段の確定申告とほとんど変わりません。

（1）必要書類

　被相続人の勤務先から源泉徴収票を、また被相続人が年金を受け取っていた場合には、年金事務所から公的年金などの源泉徴収票を入手します。

　所得控除の資料として、市区町村から国民年金の控除証明書やふるさと納税など寄付金の領収書などを、各保険会社から生命保険料控除証明書と地震保険料控除証明書を入手します。

　その他、被相続人が死亡日までに支払った医療費の領収書や国民健康保険料納入通知書などが必要になる場合もありますが、資料によっては依頼してもすぐに入手できないものもありますので、早めに行動することをおすすめします。

（2）所得控除

　配偶者控除と扶養控除は、被相続人が死亡した日の現況により判断します。なお、被相続人が死亡した日からその年の12月31日までの間に、配偶者控除などの対象とした者に予期せぬ収入があり、その年の合計所得金額が配偶者控除などの基準を超えた場合においても、修正申告を行う必要はありません。

　また医療費控除や生命保険料控除などは、被相続人が死亡する日までに支払った金額のみが対象になります。被相続人が亡くなった後で支払われた被相続人の入院費用などは、相続税の計算上、被相続人の債務として相続財産から控除することができます。

4. 住民税の取扱い

　当年の1月1日に国内に住所がある人について、前年の所得に対して課税されます。したがって、死亡された方については、死亡した年の所得について住民税は課税されません。

準確定申告のスケジュール

（注）×1年1月1日から×1年4月23日までの所得に係る住民税については、判定基準の×2年1月1日に死亡していることから、住民税は課されません。

6 相続税の納付について

相続財産が土地ばかりで預貯金が少なく、納付期限までに相続税を納付できそうにありません。この場合、どうすればいいですか？

相続税の納付は金銭による一括納付が原則ですが、相続税申告期限までに金銭で一括納付することが困難な場合には、延納という制度を用いることができます。またその延納も不可能である場合には、物納という制度もあります。

1. 延納とは

　相続税額が10万円を超え、金銭で納付することを困難とする事由がある場合には、税務署長の許可を受けることにより分割して納付することができます。ただし、延納期間中は利子税（本税に対する利息）がかかります。

2. 延納期間の計算方法

　延納が可能な期間（延納期間）や利子税の割合については、相続財産の価額のうちに占める不動産などの価額の割合によって、以下の表のようになります。延納できる期間は原則として5年以内ですが、不動産の占める割合が高い場合には、最高20年まで認められます。

区　　　分		延納期間 （最高）	利子税 （年割合）
不動産等の割合が 75％以上の場合	不動産等に対応する延納税額	20年	0.8％
	動産等に対応する延納税額	10年	1.3％
不動産等の割合が 50％以上75％未満の場合	不動産等に対応する延納税額	15年	0.8％
	動産等に対応する延納税額	10年	1.3％
不動産等の割合が 50％未満の場合	一般の延納税額	5年	1.4％

（注）利子税の割合は、市場金利に応じて変動します。

3．延納の要件

　延納を行うためには、最初に延納しようとする相続税の納付期限までに、延納申請書に担保提供関係書類を添付して納税地の税務署長に提出することが必要となります。

4．物納とは

　相続税申告期限までに金銭で一時払いすることが困難で、かつ延納によっても納付が困難な場合に、相続財産そのもので納付することができる物納という方法があります。
　物納を行うためには、相続税の納付期限までに一定事項を記載した申請書を納税地の税務署長に提出し許可を受けることが必要になります。

5. 物納の要件

（1） 延納によっても金銭で納付することを困難とする事由があり、かつ、その納付を困難とする金額を限度としていること

（2） 物納の対象となった財産が日本に存在し、かつ、物納に適している財産であること

　物納の対象となる財産は、納付すべき相続税の課税価格計算の基礎となった相続財産のうち、次のような財産及び順位で認められます。

　第1順位　国債、地方債、不動産、船舶
　第2順位　社債、株式、証券投資信託又は貸付信託の受益証券
　第3順位　動産

　たとえば第3順位の動産の物納が認められるのは、第1順位と第2順位の財産に適当な価額のものがない場合です。ただし上記財産であっても、以下のようなものは物納に不適格な財産とみなされます。

　・担保権が設定されている不動産

　・境界があきらかでない土地

　・耐用年数を経過した建物（通常の使用ができるものを除く）

　・譲渡制限株式

第6章 赠与

1 贈与税と相続税

Q 相続対策について調べると「生前贈与すべき」という記述があります。贈与すると贈与税を払うことになるのに、贈与をしたほうが節税になるのですか？

A 贈与税と相続税の税率構造は異なっています。そこで両者の税率差を利用して節税を図ることができます。

1. 贈与税は相続税の補完税

贈与税は相続税の補完税といわれます。

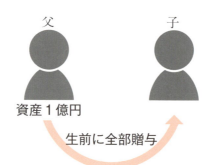

この場合、父が死亡した際の相続財産は0円

　上記のように贈与税がないと、相続発生前にすべての財産を贈与してしまえば相続税がかからないことになってしまいます。そこで相続発生前の財産の移転に対して相続税の代わりに贈与税をかけることによって相続税を補完しています。

2. 生前贈与での節税

　贈与税を納めていたら相続税の節税にはならないのではないかと思われるかもしれません。相続税は累進課税であり、相続財産が多ければ多いほど税額は高くなります。贈与税も累進課税ですが、財産を小分けにして生前贈与をすることにより、贈与税と相続税を合わせた税負担額を減らすことができます。被相続人につき相続は一回しか起こりませんが、贈与は何回でもできます。時間をかけて少しずつ贈与をしていくことが重要です。

3. できるだけ次の世代への贈与を

　相続税は世代から世代へ財産が移るときにその都度発生します。
　配偶者へ贈与しただけでは、次に配偶者から子への相続時に相続税が発生します。さらに子から孫へ相続が起こった時にも相続税が発生し、多くの財産を残しても税金として出ていってしまうことになります。
　それならばはじめから若い世代に財産を移しておいたほうがよいということになります。
　世代を飛ばして贈与することを「飛越贈与」といいます。

① 飛越贈与しない場合

　贈与で配偶者が取得し、その後子が配偶者から相続し、さらにその後、孫が子から相続する場合、合計2回にわたって相続が発生します。

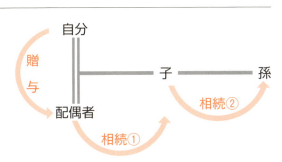

② 飛越贈与する場合

　配偶者・子を飛び越して孫に財産を贈与しておけば2回分の相続税を回避できます。

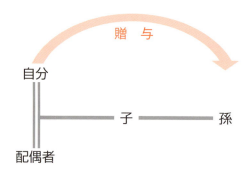

2 贈与の方法

Q 節税対策として財産を贈与したいのですが、申告など必要な手続きにはどのようなものがありますか？

A 土地など不動産を贈与する場合には、贈与契約書を作成し、名義変更を行います。また、贈与税額が発生する場合には贈与税の申告を行います。

1. 贈与契約書

　民法では「贈与は、当事者の一方が自己の財産を無償で相手方に与える意思を表示し、相手方が受諾をすることによって、その効力を生ずる。」と定めているとおり、贈与は契約です。口頭による贈与も有効ですが、贈与したという証拠をしっかり残すためにも、贈与契約書（96ページ参照）は作成しておくべきです。

2. 名義変更

　不動産について所有権の移転があった場合は、その事実を明らかにするために登記をする必要があります。登記手続きは、不動産が所在する所轄の法務局で行います。

＜名義変更に必要な書類＞
　不動産権利証、受贈者（贈与を受ける人）の住民票
　贈与者（贈与をする人）の印鑑登録証明書（発行から3か月以内）
　贈与契約書、固定資産評価証明書、不動産の登記簿謄本（全部事項証明書）

3. 贈与税の申告

贈与により取得した財産の価額が110万円を超える場合には贈与税額が発生します。贈与税額が発生する場合には贈与税の申告が必要です。

贈与契約書ひな型

贈 与 契 約 書

　贈与者　田中一郎（以下、「甲」という。）と受贈者　田中花子（以下「乙」という。）は、次のとおり贈与契約を締結した。

　第1条　甲は、その所有する下記に記載する土地（以下、「本件土地」という。）を乙に贈与するものとし、乙は、これを受諾した。

記

　　　　所在　東京都千代田区〇〇
　　　　地番　1－1
　　　　地目　宅地
　　　　地積　200㎡

　第2条　甲は、乙に対して、平成〇年〇月〇日までに本件土地を引き渡すものとする。なお、本件土地の所有権は、本件土地の引き渡し完了のときをもって、甲から乙へ移転するものとする。

　第3条　甲及び乙は、前条に基づく本件土地の引き渡し完了後、ただちに所有権移転登記を行うものとする。

　以上のとおり契約したことを証するため、本書2通を作成し、各自捺印の上、各自1通を保管するものとする。

　　　　平成〇〇年〇月〇〇日

　　　　贈与者（甲）　東京都千代田区〇〇1－1
　　　　　　　　　　　田中一郎
　　　　受贈者（乙）　東京都千代田区〇〇1－1
　　　　　　　　　　　田中花子

3 贈与税の計算方法

Q 贈与税を支払わなければならない場合、税額はどうやって計算するのでしょうか？

A 贈与税の計算方式には、**暦年課税**と**相続時精算課税**があります。いずれの方式により贈与税を計算するかは納税者が選択することができます。

1. 暦年課税

暦年課税は、その年中に贈与を受けた財産の価額の合計額から基礎控除110万円を差し引いた課税価格に10％～55％の累進税率を乗じて贈与税額を計算する課税方式です。

つまり、その年中に贈与により取得した財産の価額の合計額が110万円以下の場合であれば贈与税額はかからないということになります。

なお、下記のとおり直系尊属から20歳以上の者への贈与と、それ以外の場合では、税率が異なるので注意してください。

（1）計算方法

（贈与金額－110万円）× 下記税率（A）－ 下記控除額（B）＝ 贈与税額

直系尊属から20歳以上の者への贈与の場合			左記以外の贈与の場合		
基礎控除後の課税価格	税率（A）	控除額（B）	基礎控除後の課税価格	税率（A）	控除額（B）
200万円以下	10%	0円	200万円以下	10%	0円
200万円超400万円以下	15%	10万円	200万円超300万円以下	15%	10万円
400万円超600万円以下	20%	30万円	300万円超400万円以下	20%	25万円
600万円超1,000円以下	30%	90万円	400万円超600万円以下	30%	65万円
1,000万円超1,500万円以下	40%	190万円	600万円超1,000万円以下	40%	125万円
1,500万円超3,000万円以下	45%	265万円	1,000万円超1,500万円以下	45%	175万円
3,000万円超4,500万円以下	50%	415万円	1,500万円超3,000万円以下	50%	250万円
4,500万円超	55%	640万円	3,000万円超	55%	400万円

たとえば、20歳の子が父より500万円の贈与を受けた場合、贈与税は次のようになります。（前頁表左側参照）

(5,000,000円 − 1,100,000円) × 15% − 100,000円 = 485,000円

たとえば、10歳の子が父より500万円の贈与を受けた場合、贈与税は次のようになります。（前頁表右側参照）

(5,000,000円 − 1,100,000円) × 20% − 250,000円 = 530,000円

2. 相続時精算課税

相続時精算課税は、子や孫への財産移転を促進するために、贈与税を低く抑え、将来の相続発生時に生前贈与財産を相続財産に加えて相続税を計算し、贈与税は、相続税から控除して精算するという制度です。

（1）計算方法

相続時精算課税による贈与税の算定は次のとおりで、2千5百万円までの贈与については、贈与税はかかりません。

(贈与金額 − 25,000,000円) × 20% = 贈与税

（2）適用要件

① 贈与者が60歳以上
② 受贈者が20歳以上
③ 受贈者が贈与者の推定相続人である直系卑属であること（孫を含む）

4 暦年課税制度と相続時精算課税制度の比較

Q 相続時精算課税制度を選択すれば2千5百万円までは贈与税がかからず、2千5百万円を超えても税率は一律20%なので、暦年課税制度より相続時精算課税制度のほうが有利と考えていいですか？

A 相続時精算課税制度を適用した財産については、後に相続税が課されますので一概に相続時精算課税制度が有利とはいえません。

1. 相続時精算課税の仕組み

前提：父から子へ子の事業用資金3千万円を贈与した。
　　　その1年後、父が死亡し、子は相続財産5千万円を相続した。
　　　相続人は、子のみである。

	贈与時		相続時
贈与財産	3,000万円	相続財産	5,000万円
特別控除	△ 2,500万円	相続時精算課税適用財産	+ 3,000万円
	500万円		8,000万円

　贈与時において3千万円から特別控除額2千5百万円を控除した金額に20%を乗じて贈与税額を計算します。
　そして、相続発生時に相続時精算課税の適用を受けた3千万円は相続により取得したものとして相続税の課税価格に加算します。

				課税対象	8,000万円
				基礎控除	△ 3,600万円
贈与税の課税価格	500万円				4,400万円
			×20%−200万円	680万円
課税価格×20%	100万円	→		△ 100万円
				相続税額	580万円

　相続税として求めた金額（680万円）から、すでに納めた相続時精算課税の贈与税額100万円を控除した金額をもって納付すべき相続税額となります。

　相続時精算課税制度は贈与者が死亡したときに相続税として課税されます。したがって、多額の贈与税の支払を避けることはできますが、相続税の節税にはつながりません。
　相続税がかかるほど財産はないが、生前に財産を移転しておきたいといった場合には相続時精算課税が有効です。
　以下の表のメリット・デメリットをよく把握したうえで相続税精算課税を適用するかどうか検討しましょう。

暦年課税制度・相続時精算課税制度　比較表

	暦年課税	相続時精算課税
基礎控除額	110万円 （1年ごと）	2,500万円 （贈与者ごと）
税　率	10%〜55%の累進課税	20%
メリット	・毎年110万円の基礎控除額を利用することができる ・贈与財産は相続税の課税財産にはならない （相続開始前3年以内に贈与されたものは除く）	・多額の財産を一度に贈与することができる ・贈与された財産が値上がりしても贈与時の評価額で相続税の課税価格に算入される ・贈与者ごとに基礎控除額2,500万円の適用が可能
デメリット	・税負担が大きくなるので一度に多額の財産を贈与するには不向き ・基礎控除額が110万円と少額なため節税対策に時間がかかる	・相続税の節税にはならない ・一度選択すると暦年贈与の適用ができない ・贈与された財産が値下がりしても贈与時の評価額で相続税の課税価格に算入される ・贈与された財産は物納の対象とならない

5 贈与税の優遇措置

Q 教育資金の一括贈与は贈与税がかからないと聞きました。他にもこういった優遇制度はありますか？

A 「贈与税の配偶者控除」「住宅資金贈与の非課税」「教育資金一括贈与の非課税」「結婚・子育て資金一括贈与の非課税」といった4つの優遇制度があります。

1. 贈与税の配偶者控除

　配偶者から居住用不動産又は居住用不動産を取得するための金銭の贈与を受けた場合は、課税価格から基礎控除110万円に加えて2千万円を控除することができます。

（1）適用要件
① 婚姻期間が20年以上であること
② 取得した居住用不動産を贈与の年の翌年3月15日までに自己の居住の用に供し、その後も居住し続ける見込みであること

（2）注意事項
　この制度は、贈与税は優遇されますが登録免許税と不動産取得税は通常の贈与と同様に課税されます。その他、登記手数料等の費用が発生します。

2. 住宅取得等資金の贈与を受けた場合の贈与税の非課税

直系尊属から住宅を取得するための資金の贈与を受け、その贈与資金をもって居住用不動産を取得した場合には、課税価格から基礎控除110万円に加えて一定の金額を控除することができます。

(1) 適用要件
① 贈与を受けた金銭により取得した居住用不動産を贈与の年の翌年3月15日までに居住し、その後も居住し続ける見込みであること
② 贈与を受ける者は、以下の要件を満たすこと
・贈与する人の直系卑属で、かつ、20歳以上であること
・所得が2千万円以下であること

(2) 非課税金額
取得する住宅の消費税率により非課税金額は異なり、消費税率8％の場合の非課税金額は以下の表のようになります。

住宅用家屋の契約締結期間	省エネ等住宅	左記以外の住宅
平成28年1月～平成32年3月	1,200万円	700万円
平成32年4月～平成33年3月	1,000万円	500万円
平成33年4月～平成33年12月	800万円	300万円

3. 教育資金の一括贈与を受けた場合の贈与税の非課税

30歳未満の者が、教育資金に充てるために金銭等の贈与を受け、金融機関に開設した教育資金管理口座に預け入れた場合には、1千5百万円まで贈与税が非課税となります。

（1）適用要件
① 30歳未満の直系卑属に対する贈与であること
② 教育資金の範囲
・学校等に直接支払われる金銭
・学校等以外（たとえば、塾）に直接支払われる金銭は500万円が限度となります。

（2）注意事項
贈与を受けた者が30歳に達した時点で教育資金管理口座に未使用残高がある場合は、未使用残高に対して贈与税が課税されます。

4．結婚・子育て資金の一括贈与を受けた場合の贈与税の非課税

子や孫などの結婚や出産を機に、直系尊属から結婚・子育て資金に充てるために金銭等の贈与を受け、専用口座等を開設した場合には、１千万円まで贈与税が非課税となります。

（1）適用要件
20歳以上50歳未満の直系卑属に対する贈与であること。

（2）注意事項
贈与者が死亡した場合で未使用残高があるときは、未使用残高に対して相続税が課税されます。また、50歳に達した時点で未使用残高がある場合には、未使用残高に対して贈与税が課税されます。

第7章 財産評価

1 財産評価の概要

Q 父が亡くなり、財産を評価する必要があると聞いたのですが、相続により取得する財産はどのように評価していくのでしょうか？

A 相続により取得する財産は相続発生時における時価により評価します。

1. 時価評価について

相続税を計算するにあたってはどういう財産があるかを把握するだけでなく、その財産の評価を金額で認識しなければいけません。

その評価額は相続が発生した時点における相続財産の時価とされています。

時価の算定方法はさまざまで、国税庁が定めた財産評価基本通達において、財産の種類に応じた評価方法が定められています。

2. 一般的な財産の評価

ここでは、相続が発生した時によく出てくる財産の評価方法を紹介します。

（1）預金

預金の評価は、元本と相続発生時点で解約するとした場合に支払いを受けることができる利息の合計金額によって評価します。

（2）家屋

家屋の評価は、固定資産税評価額によります。

この評価額にはこの家屋と構造上一体となっている電気設備、ガス設備、衛生設備、給排水設備、温湿度調整設備、消火設備、昇降設備の評価額も含まれます。

（3）車

車の評価は原則として、売買実例価額、精通者意見価格等を基に評価します。

これらがわからない場合には、同種の車両の新車価格から相続発生時までの減価償却費の合計額を控除した金額によって評価します。

（4）絵画、骨董品

被相続人が趣味で所有していた絵画、骨董品の評価は売買実例価額、精通者意見価格等により評価します。実務では、美術商等に鑑定を依頼します。

（5）土地

土地の評価は、土地の地目（分類）に応じて評価します。自宅の土地などは一般的に宅地という地目に該当し、評価方法は次のいずれかで行います。評価方法は後述します。

① 倍率方式
② 路線価方式

（6）上場株式

東証やマザーズ、ジャスダックなどに上場されている株式を上場株式といいます。

上場株式の評価は次の①から④のうちもっとも低い価額とします。

① 課税時期の最終価格
② 課税時期の属する月の毎日の最終価格の月平均額
③ 課税時期の属する月の前月の毎日の最終価格の月平均額
④ 課税時期の属する月の前々月の毎日の最終価格の月平均額

（7）取引相場のない株式

　上場株式以外の株式はその株式の所有割合、その会社の規模により次のいずれかの評価方法を用いて評価します。詳細は第8章を参照してください。

① 類似業種比準方式
② 純資産価額方式
③ 配当還元方式

2 土地の評価方法

Q 父の相続財産のなかに自宅の土地がありますが、どのように評価するのでしょうか？

A 一般的な土地は宅地という地目に該当し、倍率方式又は路線価方式により評価します。

1. 倍率方式での評価

　倍率方式は、路線価が設定されていない地域に適用される評価方法で、評価対象となる宅地の固定資産税評価額に国税局長の定める倍率を乗じて計算した金額によって評価します。この倍率は、地域ごとに定められており、国税庁のホームページで公表されています。

2. 路線価方式での評価

　路線価方式とは、評価対象となる宅地に面する路線に付された路線価に面積を乗じて評価額を計算する方法です。

3. 路線価について

　宅地の評価において欠かせないものが路線価になりますが、その路線価は各地域の路線価図で調べることができます。路線価図は毎年更新されており、国税庁のホームページで確認することができます。
　路線価図で確認できる情報は次のとおりになります。

（1）路線価

評価する宅地に面する路線上に記載されています。

1㎡あたりの路線価が千円単位で表記されています。

（2）地区区分

路線価図では、路線ごとに、普通住宅地区など7つの地区区分に分類しています。この地区区分に応じて、画地調整（112ページ参照）が決まります。

（3）借地権割合

宅地の使用状況により、借地権を考慮した評価が必要となります（118ページ参照）。

その借地権割合がA～Gに区分表示されています。この借地権割合は、借地事情が似ている地域ごとに定められており、路線価図や評価倍率表に表示されています。

4．路線価図の見方について

では実際の路線価図を見ていきましょう。次の図は路線価図の一部です。

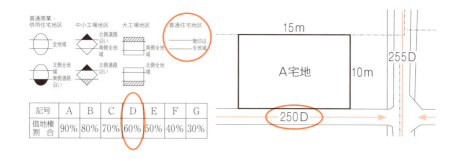

A宅地を評価するに当たり必要な情報をまとめていきましょう。

A宅地が面している道路をA宅地の正面路線といいます。

その正面路線に250Dという数字が無印で印字されています。

（1）路線価の判定

250という数字がこのA宅地の路線価で、路線価図では千円単位で表示されていることから、このA宅地の路線価は1㎡あたり25万円となります。

（2）地区区分の判定

地区区分は路線価を囲む図形の形状によって判定します。

今回の場合、路線価を囲む図形がありません。

その場合は普通住宅地区に分類されます。

（3）借地権の判定

路線価250の後ろにDが印字されています。

これは借地権割合の区分を表しており、借地権割合は60％となります。

3 画地調整について

Q 土地の評価をするうえで路線価と地積以外に画地調整を考える必要があると聞きましたが画地調整とはどのようなものでしょうか？

A 画地調整とは評価する宅地の奥行距離や形状、宅地に接する路線の数などにより土地の価格を調整するものです。

1. 奥行価格補正率について

奥行価格補正率は画地調整のなかで必ず使われるものです。
正面路線からの奥行の長さを基に判定されます。

＜例＞甲が有するA宅地の評価

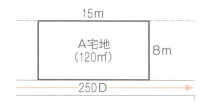

A宅地は普通住宅地区に該当し、奥行の長さは8mです。

奥行価格補正率表と照らし合わせると、8m以上10m未満の普通住宅地区になることから奥行価格補正率は0.97となります。

この場合、A宅地の路線価による評価額は、次のようになります。

250,000円 × 0.97 × 120㎡ = 29,100,000円

奥行価格補正率表

(国税庁の資料より抜粋)

地区区分 奥行距離 (メートル)	ビル街地区	高度商業地区	繁華街地区	普通商業・併用住宅地区	普通住宅地区
4未満	0.80	0.90	0.90	0.90	0.90
4以上6未満		0.92	0.92	0.92	0.92
6 〃 8 〃	0.84	0.94	0.95	0.95	0.95
8 〃 10 〃	0.88	0.96	0.97	0.97	0.97
10 〃 12 〃	0.90	0.98	0.99	0.99	1.00

2. 側方路線影響加算率について

　土地が角地である場合、2つの道路に面していることになります。この場合、ある一方の路線を正面路線とすると、他方の路線のことを側方路線といいます。側方路線がある場合には、土地の利便性が増すことから側方路線影響加算率を宅地の評価に反映します。

＜例＞甲が有するB宅地の評価

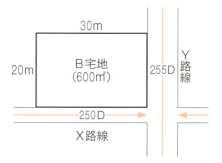

奥行価格補正率
普通住宅地区
　20m ： 1.00
　30m ： 0.98

側方影響加算率表　(国税庁の資料より抜粋)

地区区分	加算率（角地）
ビル街地区	0.07
高度商業地区	0.10
繁華街地区	
普通商業・併用住宅地区	0.08
普通住宅地区	0.03
中小工場地区	

（1）正面路線の判定

　宅地に面する路線が2つある場合には、まずどちらが正面路線又は側方路線になるかの判定をする必要があります。

正面路線の判定方法は、各路線の路線価の金額で判定するのではなく、路線価にその路線に応じた奥行価格補正率を乗じて計算された金額の大きい路線を正面路線とします。
　今回の場合には次のような判定がされます。

250,000円 × 1.0 = 250,000円 ＞ 255,000円 × 0.98 = 249,900円

よってX路線が正面路線となり、Y路線が側方路線となります。

（2）B宅地の評価

　Y路線が側方路線になり、B宅地は普通住宅地区にある角地のため、側方影響加算率は0.03となります。この場合の評価額は次のとおりです。

(250,000円 × 1.0 + 255,000円 × 0.98 × 0.03) × 600㎡ = 154,498,200円

　　　　　　　　↑　　　　　　　　　↑　　　　↑
　　　　奥行価格補正率　　　　　　　　　側方影響加算率

奥行価格補正率表

（国税庁の資料より抜粋）

地区区分 奥行距離 （メートル）	ビル街地区	高度商業地区	繁華街地区	普通商業・併用住宅地区	普通住宅地区
20以上24未満	0.94	1.00	1.00	1.00	1.00
24 〃 28 〃	0.95				0.99
28 〃 32 〃	0.96		0.98		0.98

4 特殊な土地の評価の概要

 Q 父が所有する土地は形状がいびつです。このような土地は、利用価値が低いと思われますが、何か減額はないのですか？

土地の地積や形状に応じた不整形地補正率を用いて土地の評価を減額します。 A

1. 不整形地補正率について

宅地の評価をする場合においてきれいな四角形ではない宅地も多く存在します。これらは不整形地とよばれ、不整形地補正率を用いて評価します。不整形地補正率は、不整形の度合を示す「かげ地割合」と「地区区分」及び「地積区分」を基に「不整形地補正率表」を用いて求めます。

2. 不整形地の評価

不整形地の評価は次の算式で行います。

＜評価算式＞

正面路線価 × 奥行価格補正率 × 不整形地補正率 × 地積

＜例＞甲が有するＣ宅地の評価

―― 線　不整形地
---- 線　想定整形地

（1）きれいな四角形の想定

いびつな土地をかこむ四角形を想定します。（想定整形地）

（2）奥行価格補正率の選定

奥行の距離は10mで普通住宅地区ですから、奥行価格補正率は1.0となります。

（3）不整形地補正率の選定

① 地区区分

C宅地は、普通住宅地区にあり、地積は150㎡ですから、地積区分表により、地積区分はAとなります。

地積区分表

（国税庁の資料より抜粋）

地区区分 \ 地積区分	A	B	C
高度商業地区	1,000㎡未満	1,000㎡以上 1,500㎡未満	1,500㎡以上
繁華街地区	450㎡未満	450㎡以上 700㎡未満	700㎡以上
普通商業・併用住宅地区	650㎡未満	650㎡以上 1,000㎡未満	1,000㎡以上
普通住宅地区	500㎡未満	500㎡以上 750㎡未満	750㎡以上

② かげ地割合

かげ地割合は想定整形地に占めるかげ地の地積（想定整形地の地積－宅地の地積）の割合をいいます。

C宅地のかげ地割合はつぎのとおりになります。

（200㎡－150㎡）÷ 200㎡ ＝ 25％

③ 不整形地補正率

下記不整形地補正率表によると、かげ地割合が25％で普通住宅地区の地積がA区分の不整形地補正率は0.92となります。

不整形地補正率表

(国税庁の資料より抜粋)

地区区分	高度商業地区、繁華街地区、普通商業・併用住宅地区、中小工場地区			普通住宅地区		
地積区分 かげ地割合	A	B	C	A	B	C
10％以上	0.99	0.99	1.00	0.98	0.99	0.99
15％ 〃	0.98	0.99	0.99	0.96	0.98	0.99
20％ 〃	0.97	0.98	0.99	0.94	0.97	0.98
25％ 〃	0.96	0.98	0.99	0.92	0.95	0.97

（4） 宅地の評価

250,000 × 1.0 × 0.92 × 150㎡ ＝ 34,500,000円

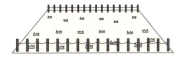

5 土地の使用状況による評価の違い

Q 第三者に土地を貸している場合又は第三者に建物を貸している場合の宅地はどのように評価するのでしょうか？

A 土地の使用状況により、借地権及び借家権を考慮した評価が必要となります。

1. 第三者に土地を貸している場合の宅地評価

　自己が所有している土地を第三者に対して賃貸し、第三者がその土地に建物を建てている宅地は貸宅地となり、評価にあたって借地権を考慮する必要があります。

　借地権とは、建物の所有を目的とする地上権又は土地の賃借権をいい、土地所有者の利用が制限されます。そこで、貸宅地は更地の評価額から借地権価額を控除して評価します。評価算式は次のとおりとなります。

・貸宅地評価額 ＝ 宅地の評価額 ×（1 － 借地権割合）

　借地権割合は、国税庁ホームページで公表されている路線価図に記載されています。

＜例＞甲が有する貸宅地の評価

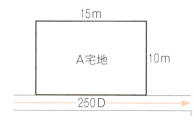

普通住宅地区で借地権割合は0.6です。

更地の評価額　　250,000円 × 1.0 × 150㎡　　= 37,500,000円

借地権の評価額　37,500,000円 × 0.6　　　　= 22,500,000円

貸宅地の評価額　37,500,000円 − 22,500,000円 = 15,000,000円

2. 第三者に自己が所有する建物を貸している場合の宅地評価

　土地とその土地の上にある建物を自己が所有しその建物を第三者に賃貸借契約により貸している場合には貸家建付地となります。建物の借主には、建物を借り続ける権利（借家権）があり、土地の利用が制限されますので、土地の評価にあたり、一定の割合を減額します。この一定の割合は、借地権割合に借家権割合を乗じた割合で、借家権割合は国税庁ホームページで公表されている財産評価基準書に記載されています。
　貸家建付地の評価算式は次のとおりとなります。

・貸家建付地評価額 ＝ 宅地の評価額 ×（1 − 借地権割合 × 借家権割合）

＜例＞甲が有する貸家建付地の評価

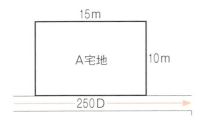

普通住宅地区で借地権割合は0.6、借家権割合は0.3とします。

減額割合　$0.6 \times 0.3 = 0.18$

貸宅地の評価額　$250,000円 \times 1.0 \times 150㎡ \times (1 - 0.18) = 30,750,000円$

（財産評価基準書より抜粋）

> 平成28年分
> （大阪府）
>
> **借家権割合**
>
> 　財産評価基本通達94（借家権の評価）の定めにより借家権の価額を評価する場合における借家権割合は、100分の30です。
> 　なお、借地権の価額は、その権利が権利金等の名称をもって取引される慣行のない地域にあるものについては評価しません。

第8章 株価評価

1 取引相場のない株式の評価

Q 取引相場のない株式（非上場株式）はどう評価するのですか。

A 非上場株式は上場株式のように客観性のある時価がありません。そこで、株主の立場や会社の規模に応じて、3種類の評価方法が定められています。

1. 株式の評価方法

（1）**純資産価額方式** ……会社の貸借対照表を基に、資産と負債を時価評価し、資産から負債を差し引いた純資産額を発行済株式数で除して求めます。
（125ページ参照）

（2）**類似業種比準方式** …自社の経営成績と上場会社の経営成績を比較して割合を算出し、上場会社の株価に当該割合を乗じて求めます。
（128ページ参照）

（3）**配当還元方式** ………1株当たりの配当金を平均的な配当率（10％）で割り戻して求めます。
（131ページ参照）

2. 3つの評価方法のすみ分け

　株主は2つのタイプに分かれます。1つは配当金を期待する株主で経営に口を出さないタイプ（零細株主）です。そしてもう1つは会社を支配し経営に口を出すタイプ（支配株主）です（132ページ参照）。

　零細株主は持株数も少なく、配当に重きを置いているので、配当還元方式で評価します。

　支配株主は会社を支配する目的で株式を保有しますので、会社の価値そのもので評価します。会社の規模が大きくなればそれだけ上場会社に近づきますから、大会社は類似業種比準方式で評価するのが合理的になります。反対に規模が小さい小会社は、上場会社との比較に無理がありますので会社が所有する財産そのもので評価する純資産価額方式を採用するのが合理的となります。そしてその中間に位置する中会社は、類似業種比準方式と純資産価額方式を折衷して評価します。

　具体的な評価方法をまとめると次のようになります。

会社の規模	株主の種類	支配株主	零細株主
大会社		類似業種比準方式と純資産価額方式の低い方	配当還元方式
中会社	大	類似業種比準方式×90％＋純資産価額方式×10％	
	中	類似業種比準方式×75％＋純資産価額方式×25％	
	小	類似業種比準方式×60％＋純資産価額方式×40％	
小会社		類似業種比準方式×50％＋純資産価額方式×50％と純資産価額方式の低い方	

3. 会社の規模の判定

大会社、中会社（大、中、小）、小会社の区分は業種毎に、従業員数、総資産価額、売上金額の3つの指標を基に行います。

（1） 総資産価額と従業員数とのいずれか下位の区分を採用します。

（2）（1）と売上金額とのいずれか上位の区分により会社規模を判定します。

会社の規模		総資産価額			従業員数	売上金額		
		卸売業	小売・サービス業	左記以外		卸売業	小売・サービス業	左記以外
大会社		20億円以上	10億円以上	10億円以上	50人超	80億円以上	20億円以上	20億円以上
中会社	大	14億円以上	7億円以上	7億円以上	50人超	50億円以上	12億円以上	14億円以上
	中	7億円以上	4億円以上	4億円以上	30人超50人以下	25億円以上	6億円以上	7億円以上
	小	7千万円以上	4千万円以上	5千万円以上	5人超30人以下	2億円以上	6千万円以上	8千万円以上
小会社		7千万円未満	4千万円未満	5千万円未満	5人以下	2億円未満	6千万円未満	8千万円未満

たとえば、総資産10億円、従業員数40人、売上高15億円規模の製造業を営む会社は、次のように判定します。

① 総資産価額と従業員数のいずれか下位の区分 → 30人超50人以下
② ①と売上高とのいずれか上位の区分 → 14億円以上

上記の結果、会社規模は「左記以外」の売上金額が14億円以上の区分に属する「中会社の大」となります。

2 純資産価額方式

Q 純資産価額はどのように計算するのでしょうか？

A 会社の貸借対照表をもとに資産と負債を時価評価して株価を求める方法です。

1. 純資産価額方式の概要

純資産価額方式は会社の貸借対照表を基に、資産と負債を時価評価し、資産から負債を差し引いた純資産額を発行済株式数で除して求めます。

なお、ここでいう時価とは相続税評価額のことをいいます。

具体的には次の算式で求めます。

｛純資産(時価) − 含み益に対する法人税等｝ ÷ 発行済株式数

※ 純資産 = 資産 − 負債

※ 含み益に対する法人税等 =
　　　　　｛純資産(時価) − 純資産(帳簿価額)｝ × 37%

---

2. 純資産価額の計算例

それでは、純資産価額の実例を見ていきましょう。

（1）自社の現状

① **資産内容**……土地1億円（時価2億円）、現預金1億円（時価1億円）、計2億円（時価3億円）

② **負債内容**……借入金1億円（時価1億円）

③ **発行済株式数**…2万株

（2）含み益に対する法人税等の計算

① {300,000,000円（資産時価）－100,000,000円（負債時価）}
　－{200,000,000円（資産帳簿価額）－100,000,000円（負債帳簿価額）}
　＝100,000,000円（含み益）

② 100,000,000円（含み益）× 37％
　＝37,000,000円（含み益に対する法人税等）

（3）株価

① 300,000,000円（資産時価）－100,000,000円（負債時価）
　－37,000,000円（含み益に対する法人税等）＝163,000,000円

② 163,000,000円 ÷ 20,000株（発行済株式数）＝ 8,150円（株価）

3. 純資産価額方式の図解

上記2の内容を図にすると次のようになります。

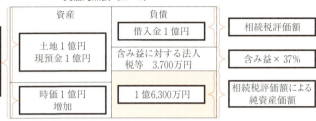

また、上記を取引相場のない株式の評価明細書に記載すると、次のようになります。

第5表　1株当たりの純資産価格（相続税評価額）の計算明細書　　　会社名

1. 資産及び負債の金額（課税時期現在）

資産の部				負債の部			
科目	相続税評価額	帳簿価格	備考	科目	相続税評価額	帳簿価格	備考
現預金	千万 100,000	千円 100,000		借入金	千円 100,000	千円 100,000	
土地	千万 200,000	千円 100,000					
合計	① 300,000	② 200,000		合計	③ 100,000	④ 100,000	
株式及び出資の価額の合計額	(イ) 0	(ロ) 0					
土地等の価額の合計額	(ハ) 200,000						
現物出資等受入れ資産の価額の合計額	(ニ)	(ホ)					

2. 評価差額に対する法人税額等相当額の計算

相続税評価額による純資産価額（①－③）	⑤	千円 200,000
帳簿価額による純資産価額（(②+(ニ)-(ホ))-④）、マイナスの場合は0）	⑥	千円 100,000
評価差額に相当する金額（⑤－⑥、マイナスの場合は0）	⑦	千円 100,000
評価差額に対する法人税額等相当額（⑦×37%）	⑧	千円 37,000

3. 1株当たりの純資産価額の計算

課税時期現在の純資産価額（相続税評価額）（⑤－⑧）	⑨	千円 163,000
課税時期現在の発行済株式数（第1表の1の①－自己株式数）	⑩	株 20,000
課税時期現在の1株当たりの純資産価額（相続税評価額）（⑨÷⑩）	⑪	円 8,150
同族株主等の議決権割合（第1表の1の⑤の割合が50%以下の場合（⑪×80%）	⑫	円

3 類似業種比準方式

Q 類似業種比準価額はどのように計算するのでしょうか？

A 自社の配当、利益、純資産を上場株式のそれと比較して株価を求める方法です。

1. 類似業種比準方式の概要

上場会社における1株当たりの株価、配当、利益、純資産をそれぞれA、B、C、Dとし、自社における1株当たりの配当、利益、純資産をⒷ、Ⓒ、Ⓓとすると、類似業種比準価額は次の算式で求めます。

$$\text{上場会社の株価(A)} \times \frac{\dfrac{Ⓑ}{B} + \dfrac{Ⓒ}{C} \times 3 + \dfrac{Ⓓ}{D}}{5} \times (0.7\sim0.5) \quad \text{(注2)}$$

(注1) 評価月の平均株価、前月平均株価、前々月平均株価、前年平均株価のうちいずれか低いものを採用します。
(注2) 大会社0.7、中会社0.6、小会社0.5（大中小については124ページ参照）

2. 類似業種比準価額の計算例

それでは、類似業種比準価額の実例を見ていきましょう。

（1）自社の現状

- 一　評価時点‥‥‥‥‥‥‥　平成28年2月
- 二　業種‥‥‥‥‥‥‥‥‥　自動車の製造部品を制作している会社です。
- 三　会社規模‥‥‥‥‥‥‥　大会社
- 四　1株当たりの資本金　‥‥50円
- 五　1株当たりの比較要素‥配当金4円、利益金9円、純資産価額240円

（2）上場株式における1株当たりの比較要素を調査

上場会社における1株当たりの株価、配当、利益、純資産は国税庁のホームページで検索することができます。具体的には次のような表が表示されます。

類似業種比準価額計算上の業種目及び行種目別株価等（平成28年分）　　　　（単位：円）

業種目　大分類　中分類　小分類	番号	B 配当金額	C 利益金額	D 簿価純資産価額	A（株価） 平成27年平均	27年11月分	27年12月分	28年1月分	2月分
(製造業)									
はん用機械器具製造業	34	3.5	18	198	285	294	295	276	268
生産用機械器具製造業	35	3.6	23	213	261	256	258	232	216
金属加工機械製造業	36	3.9	31	229	281	271	273	247	234
その他の生産用機械器具製造業	37	3.4	20	207	253	251	252	227	209
業務用機械器具製造業	38	6.8	30	266	512	514	511	476	465
事務用機械器具製造業	39	6.6	28	274	443	408	400	363	363
その他の業務用機械器具製造業	40	6.8	31	264	536	552	551	516	501
電子部品・デバイス・電子回路製造業	41	2.3	12	141	187	182	185	165	147
電子部品製造業	42	1.9	9	154	191	189	183	158	137
電子回路製造業	43	1.6	9	120	108	101	105	97	89
その他の電子部品・デバイス・電子回路製造業	44	2.8	14	141	214	209	216	195	175
電気機械器具製造業	45	3.9	22	192	318	315	316	285	268
発電用・送電用・配電用電気機械器具製造業	46	5.0	29	243	368	370	367	337	305
電気計測器製造業	47	4.2	25	204	356	352	352	317	304
その他の電気機械器具製造業	48	3.0	16	156	269	264	267	239	227
情報通信機械器具製造業	49	2.6	16	189	163	166	165	154	152
輸送用機械器具製造業	50	4.5	23	254	296	306	303	272	245
自動車・同附属品製造業	51	4.8	24	266	313	324	321	289	262
その他の輸送用機械器具製造業	52	2.1	14	174	186	188	182	156	135
その他の製造業	53	3.6	17	210	265	278	274	250	236

㊁ 1株当たりの株価…262円（平成28年2月平均株価）、289円（平成28年1月平均株価）、321円（平成27年12月株価）、313円（平成27年平均株価）のうちいずれか低い株価を採用しますので、結果、262円（平成28年2月平均株価）となります。

㊂ 1株当たりの配当、利益、純資産…4.8円、24円、266円

（3）株価

$$262円 \times \dfrac{\dfrac{4円}{4.8円}+\dfrac{9円}{24円}\times 3+\dfrac{240円}{266円}}{5}\times 0.7 = 102円（株価）$$

コラム

平成29年度の税制改正大綱が、平成28年12月22日に閣議決定されました。それによると、類似業種比準価額の計算方法が2点変更となります。この改正は、平成29年1月1日以後の相続又は贈与によって取得した株式の評価について適用される予定です。

（1）上場会社の株価（A）

現行の「評価月の平均株価」「前月平均株価」「前々月平均株価」「前年平均株価」に「評価月以前2年間の平均株価」を加え、これらのうちいずれか低いものを採用することができるようになります。

（2）配当、利益、純資産の割合

改正前は「配当：利益：純資産」を「1：3：1」の比重で評価していますが、改正後は、「1：1：1」の比重割合となります。

この評価方法となると、利益水準が高い会社の評価額は低くなりますが、利益水準の低い会社の評価額は逆に高くなってしまいます。

4 配当還元方式

Q 配当還元価額はどのように計算するのでしょうか?

A 1株当たりの配当金を平均的な配当率で割り戻して株価を求める方法です。

1. 配当還元方式の概要

配当還元方式は経営には口を出さない零細株主に適用される方式で、1株当たりの配当金を平均的な配当率（10％）で割り戻して求めます。

具体的には次の算式で求めます。

$$\frac{直前2年間の1株当たりの年平均配当金額}{10\%}$$

※無配当の場合は、直前2年間の1株当たりの年平均配当金額を2.5円とします。

2. 配当還元価額の計算例

それでは、配当還元価額の実例を見ていきましょう。

（1）自社の現状
㈠ 直前期の1株当たりの年配当金額……24円
㈡ 直前々期の1株当たりの年配当金額…22円

（2） 株価

① (24円 + 22円) ÷ 2 = 23円（直前2年間の1株当たりの年平均配当金額）
② 23円 ÷ 10％ = 230円（株価）

3. 零細株主と支配株主の判定

　零細株主と支配株主の区分は①株主のなかに同族株主がいるか否か、②株式の取得者は同族株主に該当するか否か、③株主の取得者は会社の役員か否かなどの要件により総合的に判定することとされています。
　具体的には、同族株主がいる会社と同族株主がいない会社に分けて次のように判定します。

区分	株主区分	株主の態様			判定
同族株主のいる会社	同族株主	議決権割合が5％以上の株主			支配株主
		議決権割合が5％未満の株主	中心的な同族株主がいない場合		
			中心的な同族株主がいる場合	中心的な同族株主	
				株主が役員	
				その他の株主	零細株主
	同族株主以外の株主				
同族株主のいない会社	議決権割合が15％以上の株主グループに属する株主	議決権割合が5％以上の株主			支配株主
		議決権割合が5％未満の株主	中心的な株主がいない場合		
			中心的な株主がいる場合	株主が役員	
				その他の株主	零細株主
	議決権割合が15％未満の株主グループに属する株主				

(注1) 同族株主とは、株主の1人及びその親族など（同族グループ）の有する議決権割合が30％以上である場合のその同族グループに属する株主及び親族をいいます。なお、会社の株主のうち、もっとも議決権の多い同族グループの議決権割合が50％超の場合には、その同族グループに属する株主及び親族のみが同族株主となります。

(注2) 中心的な同族株主とは、同族株主の1人並びに配偶者、直系血族（子、孫、親、祖父、祖母など）、兄弟姉妹、一親等姻族（配偶者の親、子の配偶者など）の議決権割合が25％以上である場合のその株主をいいます。

(注3) 株主グループとは、株主の1人及びその親族などをいいます。

(注4) 中心的な株主とは、議決権割合が15％以上の株主グループに属する株主で単独で10％以上の議決権を有している株主をいいます。

5 具体的な取引相場のない株式の評価

Q いままでの方法を使用した具体的な株価の求め方を教えてください。

A 株主が支配株主か零細株主のいずれに該当するかを判断したうえで、各株主に対応する評価方法を用いて計算します。

1. 前提条件

　X株式会社の代表取締役社長であるAが死亡し、Aの遺言により生前所有していたX社株式7千株を専務取締役である子Bが取得し、1千株を常務取締役であるC（親族関係無）が取得することとなりました。

（1）X株式会社の株主構成（発行済株式数　1万株）

　　　一 生前の株主構成　→　二 相続後の株主構成
　　　　A ……8,000株　　　　　子B ……8,000株
　　　　子B ……1,000株　　　　母乙 ………500株
　　　　母乙 ……500株　　　　 C …………1,500株
　　　　C ………500株

（2）X株式会社の業種 ……プラスチック製品製造業

（3）X株式会社の業績 ……売上高10億円、総資産15億円、従業員55人

（4）1株当たりの資本金 ……50円

(5) 類似業種比準価額 ‥‥‥ 2万円

(6) 純資産価額‥‥‥‥‥‥ 5万円

2. 零細株主と支配株主の判定　（132ページ参照）

　子Bと母乙（Bグループ）は相続後の議決権割合が85％となり、50％を超えているためBグループに属する子Bと母乙は同族株主となります。また、Cは議決権割合が50％超の株主グループに属していないため、同族株主以外の株主となります。

　したがって、Cは零細株主となるため配当還元方式により評価します。

　子Bは相続後の議決権割合が5％以上となるため、支配株主となり、純資産価額方式や類似業種比準方式を用いて評価します。

　なお、母乙は今回株式を取得していませんので判定する必要はありません。

3. Cが取得した株式の株価及び相続税評価額

　Cは判定により零細株主となりますので配当還元方式により評価します。

(1) X株式会社の直前2年間の1株当たりの年平均配当金額‥‥30円

(2) 株価 ‥‥‥‥‥ 30円 ÷ 10％ ＝ 300円

(3) 相続税評価額 ‥ 300円 × 1,000株 ＝ 300,000円

4. 子Bが取得した株式の株価及び相続税評価額

　子Bが取得した株式は判定により純資産価額方式や類似業種比準方式を用いて評価します。

（1）会社の規模の判定（124ページ参照）

　　　X株式会社はプラスチック製品製造業を営んでおり、従業員数50人超（55人）、かつ総資産10億円以上（15億円）に該当しますので、大会社となります。

　　　従って類似業種比準価額と純資産価額のいずれか低い方で株価を評価します。

（2）株価　…　20,000円（類似業種比準価額）＜ 50,000円（純資産価額）

　　　　　　　　　　　　　　　　　　　　　　　　∴20,000円

（3）相続税評価額　…　20,000円 × 7,000株 ＝ 140,000,000円

第9章

相続対策

1 相続対策

Q 相続にあたって事前に検討すべきことは何ですか?

A 遺産分けの際にもめないようにすること（争族防止）、相続税の納税資金を確保すること（納税資金確保）、相続税そのものを減らすこと（税金対策）の3つが考えらえます。

1. 争族防止対策とは

相続による遺産分割の争い（争族）は決して資産家だけに起こることではありません。遺産分割をめぐる裁判の件数を金額別にみると、遺産の価格5千万円以下が全体のおよそ4分の3を占めており、1千万円以下が全体のおよそ3分の1を占めています。

「争族」を防ぐ手段としては、遺言書（26ページ参照）やエンディングノート（44ページ参照）の作成があります。相続人がもめることなく感謝して遺産を承継する。これが相続においてもっとも重要なことだと思います。

2. 納税資金対策とは

相続財産が不動産など換金性の低い資産で占められているなどの理由により、相続税を期限内に納めることができない場合は、延納や物納（87ページ参照）により税金を納めることができます。

延納とは相続税額が10万円を超え、金銭で納付することを困難とする

事由がある場合に、納税者の申請により、その納付を困難とする金額を限度として、担保を提供することにより、分割で納付することができる制度をいいます。ただしこの延納期間中は利子税の納付が必要となります。

　生命保険を利用するのも一つの方法です。相続税がいくらになるのか試算し、納税額の不足分を死亡保険金とする生命保険に加入します。

　また自社株式や不動産を売却して納税するのも一つの方法ですが、これには注意が必要です（140ページ参照）。

3. 税金対策

　課税財産を少なくする方法として生前贈与は非常に有効な手段です。贈与対象者が多いほど、また贈与年数が長いほど効果は大きくなります。

　生前贈与を検討する時は、被相続人自身の老後の生活設計を十分に考慮することが重要です（146ページ参照）。

　資金に余裕がある場合は不動産の購入（151ページ参照）や生命保険の加入（149ページ参照）を検討します。

　また、土地の評価を軽減する特例として小規模宅地等の特例（154ページ参照）があります。この特例を適用するには、一定の要件を満たす必要があり、生前に要件を満たすよう対策します。

2 資産売却による納税資金の確保

Q 資産を売却して納税資金を確保する場合、何か注意すべきことがありますか？

A 資産を売却する時期により税負担が異なる場合がありますので、売却時期に注意してください。

1. 不動産を売却する場合

（1）時価と相続税評価額に注意

　時価と相続税評価額に差がある場合には注意する必要があります。

　タワーマンションのように相続税評価額と売買時価がかけ離れている不動産を相続開始直後に売却した場合には、その売買価額をもって相続税評価額とされる可能性があるため注意が必要です。

（2）取得費加算

　相続により取得した土地を相続開始日の翌日から相続税の申告期限の翌日以後3年以内に売却した場合には、納付した相続税額のうち一部を売却した土地の取得金額に加算することができる制度（相続税額の取得費加算）があります。

　納税資金を確保するために土地を売却する場合には、この制度を検討する必要があります。ただし、含み益のない土地で所得が発生しないものはそもそも所得税がかからないためこの制度を気にしなくてもかまいません。

（3）居住用の特例がある場合

　居住用の特例とは一定の居住用不動産を譲渡した場合には、譲渡益から３千万円を控除することができるというものです。

　ただし、居住用の特例が適用されるか否かは、相続人ごとに譲渡時の状況により判断されます。

　したがって、譲渡する予定のある被相続人の居住用財産については、被相続人と同居していた親族が相続し、居住したうえで譲渡すれば、居住用の特例の適用を受けることができます。

　また、被相続人が一人で住んでいた居住用不動産を譲渡した場合にも譲渡益から３千万円を控除することができます。この場合には、相続人が当該居住用不動産を貸付や居住のために使用するとこの特例は適用できなくなるので注意してください。

2. 自社株式を売却する場合

（1）議決権に注意

　自社株式を売却する場合には、議決権に注意する必要があります。

　株式を売却することにより代表取締役の議決権割合が50％未満になったときは第三者の意思で代表取締役を解任することができます。したがって、最低でも50％以上、できれば定款変更の決議ができる３分の２以上の議決権を保有することが望ましいです。

（2）時価に注意

　個人から法人へ通常の時価の２分の１以下の金額で株式を譲渡した場合には、時価で譲渡されたものとして所得税がかかります（みなし譲渡課税といいます）。

　したがって、譲渡価額をいくらにするかは慎重に検討する必要があります。

(3) みなし配当に注意

　自社株式を発行法人へ譲渡する場合には、その法人の資本金等の額を超える部分はみなし配当として課税されます。みなし配当部分については20％の源泉課税がされるほか、個人では総合課税となり累進税率が適用されます。

　持株会社等への売却であれば譲渡所得とされるので売却先も検討する必要があります。

　株式の譲渡益については原則として20％課税されますが、発行法人へ譲渡する場合には、配当として20％より高い税率で課税されることがあります。

　ただし、相続開始日の翌日から相続税の申告期限の翌日以後３年以内に売却した場合には、配当金とはみなされませんので売却の時期については注意してください。

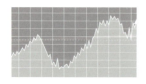

3 生前贈与の方法

Q 相続税を減らす方法として生前贈与が有効であると聞きました。どのような方法がありますか？

A 贈与税の課税方法には「暦年課税方式」と「相続時精算課税方式」があります。また贈与税の特例には、配偶者控除、住宅資金贈与、結婚子育て資金贈与、教育資金贈与の各特例制度があります。

1. 暦年課税制度

制度の内容は97ページを参照してください。

暦年課税では、1月1日から12月31日の1年間にもらった財産が110万円を超える場合に贈与税が課税されます。暦年課税制度では、贈与対象者が多いほど、また、贈与年数が多いほど節税効果は大きくなります。

2. 相続時精算課税制度

制度の内容は98ページを参照してください。

相続時精算課税制度をいったん選択すると、暦年課税制度に戻れませんので、適用するかどうかは慎重に判断する必要があります。

基本的に相続税の節税にはなりませんが、次のようなケースでは適用を検討してもよいのではないでしょうか。

(1) 相続時精算課税制度では2千5百万円までは贈与税は課税されません。したがって、相続税が課税されるほどの財産はないが、暦

年課税制度により贈与税が課税される金額（110万円）以上の贈与をしたい場合には、相続時精算課税制度を適用します。

（2）相続時精算課税制度を適用すると、将来課税される贈与財産の価額は贈与時の評価額となります。したがって、自社株式の評価が極端に下がったときなど、相続財産の評価額を低い評価額で固定したい場合には相続時精算課税制度を適用します。

（3）賃貸アパートなどの収益物件については、家賃収入により被相続人の財産が増加します。そこで、被相続人の財産の増加を抑えるために賃貸アパートを贈与し、暦年課税よりも贈与税の負担が少ない相続時精算課税制度を適用します。

3. 居住用不動産の贈与に係る配偶者控除

制度の内容は102ページを参照してください。

居住用不動産の配偶者に対する贈与については贈与税が軽減されます。しかし、不動産の名義を移転する際、不動産取得税などの費用が発生します。また、居住用不動産の相続については、小規模宅地等の特例（154ページ参照）があり相続税の評価額は大幅に減少します。したがって、配偶者控除の適用を受けるか否かはこれらを考慮して決定する必要があります。

4. 住宅取得等資金贈与

制度の内容は103ページを参照してください。

子や孫が持ち家を購入する場合には積極的に利用したほうがよいと思います。

5. 教育資金贈与

制度の内容は103ページを参照してください。

余命が短い場合は特に利用価値のある制度です。たとえば孫10人に1千5百万円ずつ教育資金贈与をすると1億5千万円の相続財産を減らせます。なお、受贈者が30歳になった時点で未使用残高があると贈与税が課税されますので、なるべく年齢の低い者に贈与するのがよいでしょう。

6. 結婚・子育て資金贈与

制度の内容は104ページを参照してください。

この制度の場合、贈与者が死亡した時点で贈与資金に未使用残高があると相続財産になります。

結婚子育て資金については必要なつど贈与する場合には扶養義務の履行になり贈与税は課税されませんので、あえてこの制度を利用する必要性は低いと思います。

4 節税になる生前贈与の求め方

Q 毎年子どもたちに贈与していき、相続財産を減らしていこうと考えています。いくら生前贈与しておけば相続税の節税になりますか？

A 贈与税の税率が相続税の税率より低くなる範囲で贈与すると節税になります。そのために贈与年数を長くし、贈与対象人数を多くすると贈与税率が低くなり、より有効な節税対策になります。

1. 生前贈与による節税

　生前贈与により財産を移しておくことで、相続発生時の相続財産を減らすことができます。ただし、贈与税が発生するので、いくら贈与するのがベストかをシミュレーションする必要があります。
　「贈与税を払うのももったいないから、毎年110万円を子どもたちに贈与している。」と耳にすることがあります。たしかに贈与税の基礎控除である110万円以下であれば贈与税は発生しませんが、この金額がもっとも有効な贈与額とはかぎりません。
　それを次に見ていきましょう。

2. 最有効贈与額の算定に必要な情報

　贈与計画の作成にあたっては、次のような情報が必要になります。
① 現状保有している財産の相続税評価額の合計
② 相続人の数
③ 贈与する年数

④ 贈与対象人数
⑤ 贈与を受ける者の年齢

3. 連年贈与シミュレーションの例

収集情報の内容
① 現状保有している財産の相続税評価額の合計‥‥2億円
② 相続人の数‥‥‥‥‥‥‥‥‥‥‥‥‥‥‥‥‥‥2人
③ 贈与する年数‥‥‥‥‥‥‥‥‥‥‥‥‥‥‥‥‥10年
④ 贈与対象人数‥‥‥‥‥‥‥‥‥‥‥‥‥‥‥‥‥2人
⑤ 贈与を受ける者の年齢‥‥‥‥‥‥‥‥‥2人とも20歳以上

シミュレーション結果

500万円贈与することがもっとも有利になります。

単年度贈与税	贈与税 （20歳以上）	①贈与税総額	贈与後の 相続財産	②相続税額	①+② 税負担総額
0	0	0	200,000,000	33,400,000	33,400,000
500,000	0	0	190,000,000	30,400,000	30,400,000
1,000,000	0	0	180,000,000	27,400,000	27,400,000
1,500,000	40,000	800,000	170,000,000	24,400,000	25,200,000
2,000,000	90,000	1,800,000	160,000,000	21,400,000	23,200,000
2,500,000	140,000	2,800,000	150,000,000	18,400,000	21,200,000
3,000,000	190,000	3,800,000	140,000,000	15,600,000	19,400,000
3,500,000	260,000	5,200,000	130,000,000	13,600,000	18,800,000
4,000,000	335,000	6,700,000	120,000,000	11,600,000	18,300,000
4,500,000	410,000	8,200,000	110,000,000	9,600,000	17,800,000
5,000,000	485,000	9,700,000	100,000,000	7,700,000	17,400,000
5,500,000	580,000	11,600,000	90,000,000	6,200,000	17,800,000
6,000,000	680,000	13,600,000	80,000,000	4,700,000	18,300,000
6,500,000	780,000	15,600,000	70,000,000	3,200,000	18,800,000
7,000,000	880,000	17,600,000	60,000,000	1,800,000	19,400,000
7,500,000	1,020,000	20,400,000	50,000,000	800,000	21,200,000
8,000,000	1,170,000	23,400,000	40,000,000		23,400,000
8,500,000	1,320,000	26,400,000	30,000,000		26,400,000
9,000,000	1,470,000	29,400,000	20,000,000		29,400,000
9,500,000	1,620,000	32,400,000	10,000,000		32,400,000
10,000,000	1,770,000	35,400,000			35,400,000

差は1,000万円！

毎年500万円を2人に贈与すると、贈与税は1人当たり毎年48万5千円発生し、10年間の贈与税総額は2人で970万円に上ります。しかし、10年間の贈与により相続財産は1億円減少します。その結果、相続税は770万円となり贈与税と相続税を合計した税負担総額は1,740万円になります。これに対し、毎年100万円の贈与では贈与税額はゼロですが相続税が2,740万円となり、毎年500万円贈与するほうが明らかに有利であることがわかります。

5 生命保険による相続税対策

Q 生命保険を活用した相続税対策にはどのようなものがありますか。

A 生命保険は①遺留分対策、②急な相続に係る納税資金を確保する手段、③相続税の非課税制度を利用した節税対策として活用することができます。

1. 争族防止対策としての利用

「争族」を防ぐ手段に、遺言（26ページ参照）があります。しかし、遺留分減殺請求（35ページ参照）が法的に認められるため、遺言ですべては解決できません。その遺留分対策として生命保険の活用が考えられます。

たとえば主な相続財産が自宅（1億円）のみの場合に、同居している長男にすべての財産を相続させる旨の遺言書を作成したとします。仮に相続人が長男と次男の2人である場合、次男にも4分の1（2千5百万円）の権利（遺留分といいます）があります。しかし、長男は次男に支払うお金がありません。そこで長男を受取人とする死亡保険金2千5百万円の生命保険に加入しておきます。保険金は長男固有の財産とされ、遺留分の計算には含めません。長男は受け取った保険金を次男に渡すことにより、遺留分問題を解決できます。

2. 納税資金対策としての利用

相続税の納税資金を預金で積み立てていく場合、長い期間が必要であ

り、かつその預金は資金需要があると使ってしまう可能性があります。

この点、生命保険なら使いこんでしまうこともありません。

また生命保険で納税資金を確保しておけば預金は納税資金の心配をせず使うことができます。

3. 節税対策

死亡保険金については法定相続人1人当たり500万円の非課税枠（76ページ参照）が認められています。たとえば、配偶者と子が2人いる場合、保険金のうち1千5百万円まで非課税となり、その分相続税が軽減されます。

また、子を契約者かつ受取人、親を被保険者とする保険に加入し、保険料は親が子に贈与した現金で支払ったとします。

このケースで親が死亡した場合、死亡保険金は相続財産となりません。保険契約者は子であり、子が親からもらったお金で保険料を支払っていますので、死亡保険金は子の一時所得となります。一時所得は次の算式の通り、2分の1に圧縮されますので、場合によっては相続税よりも有利になります。

＜一時所得の求め方＞

$\{(受取保険金) - (支払保険料累計額) - (特別控除額50万円)\} \times 1/2$

死亡保険金を受け取った場合の課税関係をまとめると次の表のようになります。

保険料の負担者	被保険者	保険金の受取人	税金の種類
子	父	子	子に対し所得税
父	父	子	子に対し相続税
父	母	子	子に対し贈与税

6 不動産による相続税対策

Q 土地の活用による相続税対策にはどのようなものがありますか。

A アパートの建築や高層マンションの購入による評価額の引き下げ、不動産管理会社の活用した相続税対策があります。

1. 貸家を建築して家屋と敷地の評価額を下げる

　更地にアパートを建築すると、相続税の評価を引き下げることができます。たとえば、現金1億円と土地1億円を所有している者が現金で1億円のアパートを建築した場合どうなるかを見ていきましょう。

　まずアパートについてです。建物は固定資産税評価額で評価します。この固定資産税評価額は、一般的に建築価額の6割程度とされています。さらにアパートは賃借人に借家権が発生するため、借家権相当額を控除します。国税庁はこの借家権を30%としています。

（1）建物の固定資産税評価額 = 100,000,000円 × 60% = 60,000,000円

（2）借家権相当額 = 60,000,000円 × 30% = 18,000,000円

（3）建物の相続税評価額
　　= 60,000,000円 − 18,000,000円 = 42,000,000円

　以上からアパートの相続税評価額は4千2百万円となります。

次に土地についてです。アパートが建築されている土地は貸家建付地となり土地の利用が制約されるため一定の減額があります（119ページ参照）。

借地権割合を60％とすると減額割合は18％（借地権割合60％×借家権割合30％）となりますので、土地の相続税評価額は8千2百万円｛100,000,000円×（1－18％）｝となります。

以上から、アパートを建築することにより、2億円の相続財産の評価額を1億2千4百万円に減額することができます。

2. 高層マンションの購入

高層マンションの場合、間取りが同じでも高層階のほうが販売価格は高く設定されています。しかし建築構造が同じなら固定資産税評価額は同じです。したがって、1億円で高層階のマンションを購入した場合、固定資産税評価額が3千万円程度になるケースがあり、評価額を大幅に引き下げることができます。

ただし、相続開始後にすぐ売却すると3千万円での評価が認められない可能性がありますので注意してください。

3. 法人の利用

上記1の事例では、更地にアパートを建築することで評価額を引き下げました。次に問題となるのはアパート収入による相続財産の増加です。

そこで法人の利用も同時に検討します。

まず、子が法人を設立します。次に、親が所有する土地の上にアパートを法人の資金又は借入で建築します。法人は親が所有する土地を無償で借ります。地代は無償にします。ただし、借地権課税の問題もあるため、税務署へ無償返還の届出書を提出します。

こうすることでアパート収入は法人の収入となり親の財産増加を防げます。法人に貯まったアパート収入は株主である子の財産となります。
　しかし、この対策は法人でマンション建築するため、上記1のように親の相続財産を減らすことができません。従って、この対策は相続の発生がかなり先と予想される状況において有効となります。
　また、家族数人が法人の役員に入り、各人に給与を支給することで、所得が分散され、法人税や所得税を低く抑えることができます。

4. 個人で建築した場合と法人で建築した場合の比較

　上記1の事例でアパート収支が毎年800万円蓄積される場合において、10年後に相続が発生すると仮定します。

① 個人で建築した場合
　……相続財産204,000,000円（土地82,000,000円＋家屋42,000,000円
　　　　　　　　　　　　　＋アパート収支8,000,000円×10年）

② 法人で建築した場合
　……相続財産200,000,000円（土地100,000,000円＋現金100,000,000円）

　したがって、この事例の場合は法人で建築した方が有利となります。
　個人で建築するか、法人で建築するかは相続発生までの時間の長短、所得の状況等、綿密にシミュレーションを行って判断する必要があります。

7 小規模宅地等の特例

Q 土地の相続税評価額を下げる特例はありますか？

A 自宅の敷地や事業のために使用されている土地については、評価額を減額する特例があります。この特例を「小規模宅地等の特例」といい、居住用、事業用、同族会社事業用、貸付事業用の4種類があります。

1. 居住用宅地

　配偶者や被相続人と同居していた親族が相続により、被相続人が居住していた宅地を取得した場合には、居住用宅地の面積のうち330㎡を限度としてその宅地の評価額から80％を減額することができます。
　たとえば、1㎡あたり10万円、面積500㎡の居住用宅地等の評価額は次のようになります。

① 特例適用前の評価額　100,000円×500㎡＝50,000,000円

② 特例適用による減額　100,000円×330㎡×80％＝26,400,000円

③ 特例適用後の評価額　①－②＝23,600,000円

2. 事業用宅地

相続により被相続人の事業（不動産貸付業を除く）のために使用されていた宅地を取得し、その事業を継続した場合、400㎡を限度として、その宅地の評価額から80％を減額することができます。

たとえば、1㎡あたり10万円、面積500㎡の事業用宅地等の評価額は次のようになります。

① 特例適用前の評価額　100,000円×500㎡＝50,000,000円

② 特例適用による減額　100,000円×400㎡×80％＝32,000,000円

③ 特例適用後の評価額　①－②＝18,000,000円

3. 同族会社事業用宅地

被相続人等が大株主の同族会社の事業のために賃貸していた宅地を特定同族会社事業用宅地といい、事業用宅地と同様の減額があります。

4. 貸付事業用宅地

　上記2の事業の内容が不動産貸付業の場合は、減額幅が縮小され、200㎡を限度として、その宅地の評価額から50%を減額することができます。

　たとえば、1㎡あたり10万円、面積500㎡の貸付事業用宅地等の評価額は次のようになります。

① 特例適用前の評価額　100,000円 × 500㎡ = 50,000,000円

② 特例適用による減額　100,000円 × 200㎡ × 50% = 10,000,000円

③ 特例適用後の評価額　① − ② = 40,000,000円

5. 複数の特例対象宅地がある場合

　被相続人が所有する宅地に、居住用宅地と事業用宅地がある場合には、それぞれの土地について限度面積まで特例を適用することができます。したがって、両方の土地を合わせて最大730㎡まで評価を減額することができます。

8 特定居住用宅地等の特例の詳細

Q もっとも適用可能性の高い特定居住用宅地等に該当する場合について詳しく教えてください。

①配偶者 ②同居親族 ③持ち家のない親族が取得した場合に適用があります。

1. 配偶者が取得した場合

被相続人が居住していた宅地を配偶者が取得すれば無条件で特例の適用を受けることができます。

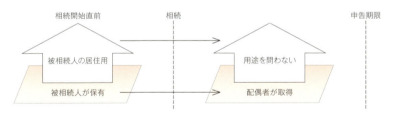

2. 同居親族が取得した場合

　被相続人が居住していた宅地を被相続人と同居していた親族が取得し、申告期限までその宅地を所有し、かつ、居住している場合はこの特例の適用を受けることができます。

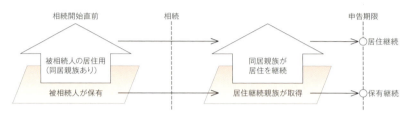

3. 持ち家のない親族（家なき子）が取得した場合

　次の要件を満たしている場合において、被相続人が居住していた宅地をその親族が取得したときは、特例の適用を受けることができます。
① 被相続人の配偶者及び同居親族がいないこと
② その相続開始前3年以内に日本国内にある自己又は自己の配偶者の所有に係る家屋に居住したことがないこと
③ その宅地等を取得した親族が、その宅地等をその相続税の申告期限まで保有していること

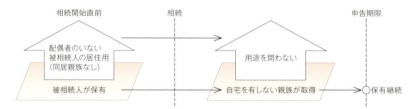

（注）同居親族の場合は、申告期限まで居住していなければなりませんが、家なき子の場合は居住を継続する必要はないので相続した土地を貸付の用に供した場合でも適用することができます。

第10章 税務調査

1 税務調査の流れ

Q 相続税申告書を提出後、税務署から電話があり実地調査に来られることとなりました。税務調査とはどういったことをするのでしょうか?

A 調査を行う場所は被相続人の自宅で調査官は2名、1～2日間が一般的です。調査で申告に誤りが見つかると修正申告を行い、相続税の不足分と加算税及び延滞税を納税することとなります。

1. 税務調査の流れ

　税務署はどのように申告書のチェックを行い、どのようにして税務調査を行う先を選んでいるのでしょうか?

　まず税務署内において集められる各種資料(所得税の申告書や贈与税の申告書など)をもとに相続税の申告書の内容に不備がないかどうかの検証が行われます。

　そして、金融機関や証券会社に照会をかけ、家族名義の預金や過去の取引履歴を確認します。その結果、申告内容に疑義が生じた場合、実地調査が行われることとなります。

　申告漏れが予想される事案については実地調査の前に入念に検証されます。この段階で大まかな申告漏れが把握され、実地調査によって事実関係が確認されます。

事前通告 → 実地調査 → 事実関係の確認 → 修正申告又は是認

---

2. 税務調査で指摘されることが多い財産

（1）家族の名義になっている預金

　税務調査で一番問題になりやすいのは家族の名義になっている預金（名義預金）です。国税局の資料によれば申告漏れの相続財産の約70％が現金・預貯金等・株式とされているため特に重点的に調査されます。

　名義預金とは被相続人から贈与の手続きがされていないのにもかかわらず家族の名義になっている預金をいいます。

　また、被相続人の口座から多額の入出金がある場合や家族名義の預金については過去の分も含めて調査されます。

（2）相続直前の現金引き出し

　たとえば、相続の直前に数百万円を引き出して葬式費用に充てたような場合には、相続時には現金として残っているはずですので申告書に現金が計上されていなければつじつまが合いません。

　また被相続人の口座において多額の入出金がある場合には、過去数年間にわたってその内容を調査されます。

（3）海外財産の申告漏れ

　被相続人が海外送金している場合には注意が必要です。海外の銀行に100万円以上の送金をする場合には、銀行から税務署に報告書が提出されます。また、海外送金をする場合には送金の目的（株式や不動産の購入、生活費など）を記載する必要があります。

　被相続人が海外に送金しているような場合において、相続税の申告書に海外財産が記載されていないと申告漏れの可能性があります。

　海外関連の調査も増加してきており、海外の申告漏れ案件については金額が大きくなる傾向もあるため、海外送金についてはその使途を明確にしておく必要があります。

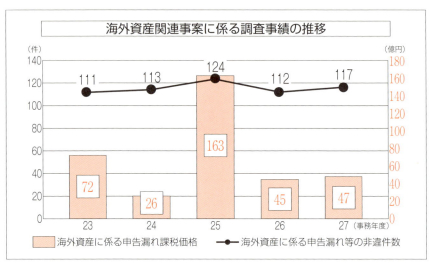

国税庁資料より

2 申告漏れがあった場合の税額

Q 税務調査において申告漏れが発見された場合、税金の負担額はどのようになりますか？

A 相続税の本税の増額に加えて、加算税と延滞税がかかります。

1．前提条件

当初の相続財産が2億円で、相続人は長男と次男の2人とします。
税務調査で、名義預金2千万円が相続財産に該当すると認定されました。
税務調査による増差税額は、相続税の申告期限からちょうど2年後に納付しました。

2．本税の増加額

当初申告に係る相続税額は次のようになります。

相続税の課税価格
＝ 相続財産200,000,000円 − 基礎控除額（30,000,000円 ＋ 6,000,000円 × 2）
　　　　　　　　　　　　　　　　　　　　　　　　　＝ 158,000,000円

法定相続分 ＝ 158,000,000円 × 1/2 ＝ 79,000,000円

各人の相続税額 ＝ 79,000,000円 × 30％ − 7,000,000円 ＝ 16,700,000円

相続税の総額 = 16,700,000円 × 2人分 = 33,400,000円

修正申告に係る相続税の増加額は次のようになります。

相続税の課税価格
　= 相続財産(200,000,000円 + 20,000,000円) − 基礎控除額42,000,000円
　　　　　　　　　　　　　　　　　　　　　　　　　= 178,000,000円

法定相続分 = 178,000,000円 × 1/2 = 89,000,000円

各人の相続税額 = 89,000,000円 × 30% − 7,000,000円 = 19,700,000円

相続税の総額 = 19,700,000円 × 2人分 = 39,400,000円

相続税の増加額
　= 39,400,000円 − 当初申告の相続税の総額33,400,000円 = 6,000,000円

3．加算税

単なる名義預金の申告漏れである場合は、過少申告加算税（10%）が課されます。

過少申告加算税 = 相続税の増加額6,000,000円 × 10% = 600,000円

これが、単なる申告漏れではなく、仮装又は隠ぺいの場合は、重加算

税（35％）が課されます。たとえば、贈与の事実がない（名義預金である）にもかかわらず、相続人が贈与契約書を偽造し、贈与であったと装った場合がこれに当たります。

重加算税 ＝ 相続税の増加額6,000,000円 × 35％ ＝ 2,100,000円

4．延滞税

相続税の申告期限に納付されなかったことによる利子相当額として延滞税が課されます。延滞税の割合は毎年の市場金利と連動しています。ここでは、延滞税の割合を3％とします。

過少申告加算税の場合は、申告期限から修正申告に係る増差税額の納付まで1年を超えていても、延滞税の計算期間は1年間に短縮されますので、延滞税は次のようになります。

延滞税 ＝ 相続税の増加額6,000,000円 × 3％ × 1年間 ＝ 180,000円

一方、重加算税の場合は、延滞税の計算期間を短縮する特例は適用されませんので、延滞税は次のようになります。

延滞税 ＝ 相続税の増加額6,000,000円 × 3％ × 2年間 ＝ 360,000円

第11章

信託

1 信託制度

Q 相続対策として最近注目されている財産管理の手法に、信託制度というものがあると聞きました。どのような制度でしょうか？

A 高齢者・障害者が自分自身で財産を管理することが困難になったときに備えて、財産管理を信頼のおける第三者に依頼する制度です。

1. 信託制度

　信託制度は簡潔にいえば、信じて託す制度です。自分が信頼する者に自分の財産を一定の目的に沿って管理・処分させます。

　たとえば、信託に関する契約（176ページ参照）で、父が自己の財産を信頼できる長男に渡し、長男は当該財産を運用・管理することで得られる利益を次男に与えることができます。

（1）委託者

　上記の例における父のことを、委託者といいます。財産を信じて託す者です。

（2）受託者

　上記の例における長男のことを、受託者といいます。委託者から財産を託され、その財産を管理運用する者です。

（3）受益者

　上記の例における次男のことを、受益者といいます。受託者が財産を管理運用することで得られた利益を受ける者です。

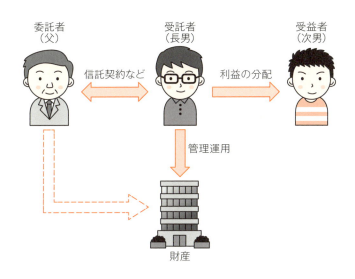

2. 信託が注目されている理由

　平均寿命とは別に、健康寿命という言葉があります。健康寿命とは、介護を必要としないで、自立した健康な生活ができる期間のことです。平成25年の日本人の平均寿命は男性80.21歳、女性86.61歳で、いずれも過去最高となりました。一方、平成25年の健康寿命は男性71.19歳、女性74.21歳となっており、平均寿命との差は男性で約9年、女性で約12年となっています。

　このことから、判断能力に不安のある高齢者や障害者のための財産管理の手法として信託制度が注目されるようになってきました。

　信託制度では成年後見制度（注）と違い、判断能力がある間から効力が生じます。また、信託財産の帰属を定めることにより、遺言の代わりとしても使えるなど、柔軟な設計が可能な制度となっています。

（注）成年後見制度とは、判断能力が不十分な人の保護を目的とする財産管理の制度です。

信託制度と成年後見制度の比較

	信託制度	成年後見制度
財産の運用や処分	委託者の定めた目的に従い、受益者の利益のための財産の運用や処分が可能	現状維持が求められ、財産が減少する生前贈与など被後見人の不利益となる行為はできない
死後の事務や遺産整理	遺言により信託した場合、委託者が死亡しても信託は終了せず、死後も信託契約に基づいて受益者に利益が配分される	被後見人が死亡した時点で後見業務は終了し、財産は相続人に承継される

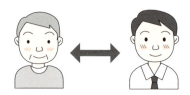

2 信託のメリット

Q 相続時精算課税制度や成年後見制度と比較して、信託はどういう点が有利なのでしょうか？

A 信託では、相続時精算課税制度や成年後見制度と比べて、委託者の思いをより自由に反映させることができます。また、信託監督人として専門家の活用も期待できます。

1. 信託のメリット

（1）遺言代用信託

　信託契約では自分が生きている間は財産を自分のために管理してもらい（自分は委託者であり、かつ受益者となります）、自分が死亡した場合にはその財産をどのように処分するのかを決めておくことができます。

　このように、死亡時の処分を決めておくことができるという点で、遺言と同じような効果を発揮します。

（2）受益者連続型信託

　たとえば、自身に高齢の配偶者と障害をもった長女がいるとします。

　遺言では自分の財産を妻に相続させることはできますが、妻が死亡したときに残った財産を長女に相続させることはできません。

　一方、信託契約では、自分の死後最初の受益者を妻とし、妻が死亡したときには次の受益者として長女を指定することができます。

(3) 専門家の活用

精神上の障害等により受益者が受託者を充分に監督できない場合には、受益者に代わって受託者を監督する、信託監督人を設けることができます。

弁護士や税理士などの専門家を信託監督人とすることにより、専門知識を生かした資産の管理運用が可能です。

2. 遺言代用信託と他の制度の比較

(1) 財産の管理・処分

相続時精算課税制度（98ページ参照）では、受贈者に所有権が移転します。したがって、財産を管理・処分する権限は受贈者が有することになり、贈与者の意思に反して財産を処分することが可能です。

成年後見制度では、後見人が被後見人の保護のためにのみ財産を管理しますので、財産を自由に処分することができません。

これに対し、信託契約においてはこのような制限はなく、財産をどのように管理・処分するかは委託者が自由に決めることができます。

(2) 税制上の取扱い

相続時精算課税制度を選択して土地を贈与した場合、相続時における評価額は贈与時の時価に固定されるため、その後アパートを建築して土地の評価を引き下げることはできません。

また、成年後見制度は被後見人の保護を目的とするため、被後見人に不利になるような節税対策はできません（たとえば生前贈与）。

これに対して、信託の場合、財産の管理は受託者にまかせつつ、上記のような対策は委託者の意志で自由に行うことができます。

(3) 小規模宅地等の特例の適用

相続時精算課税制度においては、財産はすでに贈与され被相続人のも

のではありませんから、小規模宅地等の特例（154ページ参照）は適用できません。
　一方、遺言代用信託においては、被相続人である受益者が相続財産を有するものとみなすため、小規模宅地等の特例を適用することが可能です。

3 信託の利用場面

Q 信託は、具体的にどのような場面で利用できるのでしょうか？

A 精神障害や幼児など相続人の判断能力に不安があったり、浪費癖があるなど、財産管理能力が乏しい場合に利用することが考えられます。

事例

　私には、長男・次男の２人の相続人がいます。
　地代収入のある土地は長男に相続させたいのですが、長男は精神上の障害により判断能力が不十分で、不利益を被らないか心配です。

信託の利用

（１）信託の設定

　委託者を私、受託者を次男とし、土地を信託財産とする遺言代用信託を設定します。受益者を当初は私、私の死後は長男とします。また、次男がきちんと土地を管理しているかを監督する者として、従来から確定申告を依頼していた税理士を信託監督人に置きます。

（２）信託の設定後

　信託の設定後は、地代の入金先は次男の預金口座とし、固定資産税の支払いは次男が行います。地代の改訂や賃借人との交渉・契約も次男が行います。税理士は次男を監督するとともに、土地に係る経理事務を行います。

私が死亡するまで受益者は私ですので、私は次男が受け取った地代から納付した固定資産税を差し引いた金額を受領します。

（3）相続の発生後

　私が死亡した場合には、信託契約により長男が新たな受益者となります。実質的な所有権が私から長男に移転するので、長男が受益権を私から遺贈により取得したものとみなされます。

　次男はこれまで通り土地を管理し、地代収入から納付した固定資産税を差し引いた金額を長男に渡します。

【生前】
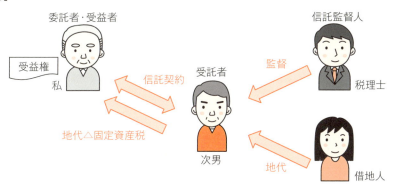

【相続発生後】
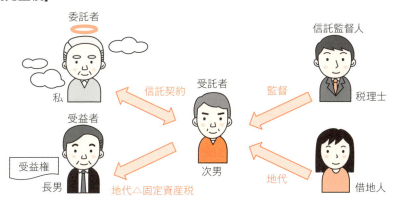

4 信託の方法

Q 信託をするには、どのような手続きが必要でしょうか？

A 信託は、委託者と受託者との契約によって成立します。

1. 信託の方法

信託の方法は、信託法第三条において、以下の3つが定められています。

（1）信託契約を締結する方法

委託者と受託者との間で、信託契約を締結します。

（2）遺言をする方法

遺言で受託者を指定し、目的を達成のために必要な行為を記載します。

（3）公正証書等による方法

委託者が自ら受託者となる場合には、公正証書等により信託の設定をします。

2. 信託契約の締結

（1）事例

Aは高齢で不動産の管理をするのが難しくなってきたこともあり、自己が所有する不動産を長男であるCに贈与したいと考えています。しか

し長男Cには浪費癖があり、譲り受けた不動産を売却し遊興費に使ってしまう恐れがあります。

そこで信頼できる弟Bに不動産の管理を委託し、その不動産から生じた利益を長男Cに与える信託契約を結ぶことにしました。

（2）信託契約書の例

信託契約書には、信託の目的や期間、受益者等を定めます。

この事例では、A（委託者）とB（受託者）の間で次のような信託契約を締結します。

信託契約書

Aを委託者、Bを受託者として、次のとおり、不動産管理信託契約を締結する。

（信託の目的）
第1条　この信託の目的は、後記土地及び建物（以下信託不動産という。）を信託財産として管理運用することである。

（信託期間）
第2条　この信託の期間は、信託契約締結の日から10年間とする。

（受益者）
第3条　この信託の受益者は、Cとする。

（管理方法）
第4条　信託不動産の維持・保全に必要な修繕は、受託者が適当と認める時期及び方法において行う。

（剰余金の交付）
第5条　受託者は、信託不動産から生じた賃貸料、共益費その他の収入から、信託不動産に係る公租公課、損害保険料その他必要な諸費用及び信託報酬を控除した残額を、毎月末に精算し、受益者に支払う。

（信託終了及び残余財産の交付）
第6条　本契約は、信託期間の満了により終了し、残余財産は信託終了時の受益者に帰属するものとする。

平成○○年○月○○日
委託者　大阪府堺市堺区○○1－1　　　A
受託者　大阪府堺市堺区○○2－2　　　B

5 信託の課税関係

Q 私の所有する賃貸用不動産を、娘に信託し管理を任せようと考えています。受益者には私がなる予定です。信託契約時に税金はかかるのでしょうか？また賃貸用不動産から生じる所得は、誰の所得になりますか？

委託者と受益者が同じである信託については、契約時に課税は生じません。
また不動産から生じる所得は、受益者の所得として申告します。 A

1. 受益者課税の原則

信託における課税関係の基本は、受益者課税です。形式的な所有者である受託者でなく、実質的な所有者である受益者が信託財産を所有するものとみなして課税します。

（1）信託設定時における課税関係

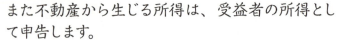

① 自益信託の場合

委託者と受託者との間で信託契約を締結すると、登記上の名義人は受託者となります。受託者固有の財産とは区別され、信託財産として登記されます。

このように登記上の名義人は受託者となりますが、信託財産から生じる利益は受益者が受けます。委託者と受益者が同じである場合（これを「自益信託」といいます。）には、実質的な所有権は移転していないものとみなして課税関係を考えます。

したがって自益信託の場合、信託設定時に課税は生じません。

② 他益信託の場合

　委託者と受益者が同じである信託を自益信託というのに対し、委託者と受益者が異なる信託を他益信託といいます。

　この場合には、信託設定時に委託者から受益者へ資産の譲渡があったとみなされます。受益者から委託者へ譲渡対価の支払いがある場合には、委託者が資産を譲渡したものとして所得税が課税されます。また対価の支払いがない場合には、受益者が委託者から無償で資産を譲り受けたことになり贈与税が課税されます。

（2）信託財産から生じる所得の課税関係

　税制上、信託財産は受益者が所有しているものと考えますので、収益や費用は受益者に帰属します。

　したがって不動産の賃貸に係る収入については、受益者が確定申告を行います。

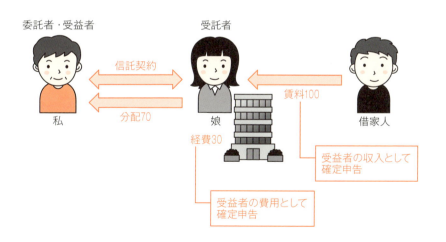

2. 受益者が死亡した場合

　受益者が死亡した場合には、受益権が相続財産になります。受益権の評価額は、信託財産そのものの評価額です。この事例では賃貸用不動産が信託財産ですので、土地及び建物の評価額が受益権の評価額となります。

　また受益者から相続により取得した信託財産については、小規模宅地等の特例の適用があります（154ページ参照）。

編著者・著者紹介

編著者

土屋 英則
つちや・ひでのり

故人の望む相続とは何でしょうか？ 残された家族が円満に遺産の引き継ぎを行い、その後も家族の絆が続くことだと思います。税理士として相続に関わるなかで、相続税の節税を考えますが、故人や家族の想いを第一に考えた実務を心掛けております。

著者（五十音順）

片山 宏晃
かたやま・ひろあき

相続というと、難しいことと感じたり、普段は話しづらいことだと思います。しかし、いざという時に準備をしているかいないかで大きく変わってきます。本書は相続について考えるきっかけとなればと思い記しました。

高田 祐一郎
たかた・ゆういちろう

お客様の不安や悩みを共有し、円満な解決に向けて最善の提案ができるよう心掛けています。本書は、相続の現場で必要となる知識をまとめたものです。大切な方へ、想いをつなぐ財産や事業の承継にご活用ください。

冨田 幸裕
とみた・ゆきひろ

分かりにくいものを簡潔に分かりやすく。普段あまりなじみのない相続で必要となる知識を丁寧に説明いたしました。本書が皆様の参考となり、円満な相続に役立つことを願っています。

中川 裕香
なかがわ・ゆか

基礎控除の引き下げにより相続税がかかる人の割合が大きく上がったことから、相続税の初心者にもできるだけ分かりやすい解説を目指しました。この本が、相続税を理解する一助となればと思います。

中牧 繁伸
なかまき・しげのぶ

相続について関心が高まっていることに比例して「争続」も増えているようです。財産を残す方も残される方も争っては不幸になるばかりです。本書が円満な相続の一助になれば幸いです。

西辻 勇人
にしつじ・はやと

相続という膨大な知識の蓄積を前提とするものを分かりやすく-欲張りな目標でしたが、発刊することができました。本書が皆様の辞書となり、相続に関する知識を深めるための第一歩となることを願います。

藤原 智幸
ふじわら・ともゆき

本書ではお葬式から税務の申告までの内容が網羅的にまとめられています。「身内が亡くなった時どうしたらいいの？」「相続の対策は何をやればいいの？」といったご不安が少しでも解消されることを願っております。

水野上 崇
みずのうえ・たかし

相続は人生で多くの方が経験するものですが、何をすればよいか習うものではありません。本書はそんなあなたに相続の入口から支えていけるものになればという願いが込められています。

峯岡 利彰
みねおか・としあき

他の会計事務所が出版されている専門書にはない、相続税以外の対応方法も記載している画期的な書籍であると自負しております。

山﨑 裕也
やまさき・ゆうや

相続は誰しもが一生のうち一度は経験するものです。本書は一般常識から法律、税金に至るまでわかりやすく記しております。本書を通して皆様が相続についての正しい知識を身に着けていただければ幸いです。

ゆびすいグループについて

　1946(昭和21)年、故・指吸千之助氏が大阪府堺市の地に「計理士・税理士指吸千之助事務所」を開業。創業当初より「顧問先とともに繁栄するゆびすいグループ」をモットーに、顧客の様々なニーズに応えることができる「総合事務所の建設」と、資格者がともに顧客を支えるための「協同事務所の建設」の2つを理念として掲げていた。

　現在、同グループは主要8都市(堺・大阪・東京・仙台・名古屋・和歌山・岡山・福岡)に、税理士、公認会計士、社会保険労務士、司法書士、中小企業診断士など250名を超える専門スタッフを擁し、税務、財務、相続・事業承継、労務、法務、経営コンサルティングなど経営に関するさまざまなニーズにワンストップで対応しており、会計事務所グループでは日本屈指の規模といわれている。

　税理士法人 ゆびすい、指吸会計センター株式会社、司法書士法人 ゆびすい登記センター、社会保険労務士法人 ゆびすい労務センターなど、計8つの法人・組織から構成されており、現在関与している顧客は、中小企業から公益法人までさまざまな業種にわたり、およそ4,500件にのぼる。

　70年にわたり蓄積したノウハウに常に最新の知識を取り入れ、各分野のスペシャリストがチームを組んで顧客のニーズに応えるスタイルは、数多くの顧客だけでなく、諸官庁や金融機関など関係各方面からも高い信頼を得ている。

ゆびすいグループ
税理士法人　ゆびすい
指吸会計センター株式会社
司法書士法人　ゆびすい登記センター
社会保険労務士法人　ゆびすい労務センター
グループ本社：大阪府堺市堺区向陵西町4丁5番5号　ゆびすいビル

📞 0120-640-171
www.yubisui.co.jp　　ゆびすい　　検索

もしもの時に困らない
相続・贈与バイブル

2017年3月30日　初版発行

著　者	税理士法人 ゆびすい
発行所	株式会社 出版文化社

〈東京本部〉
〒101-0051
東京都千代田区神田神保町2-20-2 ワカヤギビル2階
TEL：03-3264-8811(代)　FAX：03-3264-8832

〈大阪本部〉
〒541-0056
大阪府大阪市中央区久太郎町3-4-30 船場グランドビル8階
TEL：06-4704-4700(代)　FAX：06-4704-4707

〈受注センター〉
TEL：03-3264-8811(代)　FAX：03-3264-8832
E-mail　book@shuppanbunka.com

発行人	浅田厚志
印刷・製本	株式会社教文堂

©YUBISUI GROUP 2017　Printed in Japan
ISBN978-4-88338-618-5
Directed by Kazuma Mori

乱丁・落丁はお取り替えいたします。出版文化社受注センターへご連絡ください。
本書の無断複製・転載を禁じます。許諾については、出版文化社東京本部までお問い合わせください。
定価はカバーに表示してあります。
出版文化社の会社概要および出版目録はウェブサイトで公開しております。
また書籍の注文も承っております。→ http://www.shuppanbunka.com/
郵便振替番号　00150-7-353651